KB196406

몸으로 몰입하라

머리부터 시작해 발끝으로 완성하는 20가지 몰입의 법칙

몸으로 몰입하라

폴커 키츠 지음 | 배명자 옮김

현대
지성

순간 우리가 주목하는 그것이
우리의 현실이다.

월리엄 제임스

몸이 알았다,
진짜 몰입이 시작되는 순간

저자인 폴커 키츠는 심리학자이자 법학자이다. 그런 그가 쓴 『몸으로 몰입하라』는 다소 추상적이거나 딱딱하거나 '문과적'이지 않을까 추측하며 책을 펼쳤다. 그런데 실제 이 책에서 다루는 내용은 지극히 구체적이며 '이과적'이었다. 칙센트미하이의 책을 필두로 지금까지의 수많은 몰입에 관한 책들은 주로 인간의 내부, 심리에 초점을 맞추었다. 무언가 손에 잡히지 않는, 구체적 대상이 없는 것들에 대한 서술이다 보니 몰입을 위한 책인데도 몰입을 하는 것이 쉽지 않았다.

하지만 이 책은 내면에만 천착하는 것이 아니라, 머리, 눈, 귀, 코로부터 시작해 어깨, 가슴, 등을 거쳐 다리와 무릎, 발로 마무리된다. 신체의 구석구석에 관한 몰입의 지식과 그 조절 방법을 알려줄 뿐 아니라, 우리를 둘러싸고 있는 환경에 대한 이해와 통제

방법까지를 다룬다. 32명의 노벨상 수상자를 배출한 세계 최고의 자연과학 연구소인 막스플랑크연구소 연구원을 거친 저자의 경력은 그의 폭넓은 지식을 뒷받침한다. 사회과학과 자연과학 양쪽을 아우르는 그의 전문성이 책 전반에 걸쳐 드러난다.

놀랍게도, 이 책의 문체는 내용의 깊이에 비해 매우 편안하다. 풍부하고 정교한 내용을 담고 있음에도, 읽는 이에게 부담을 주지 않는다. 이 책을 읽어나가는 동안 자연스럽게 책의 내용을 적용해보게 되었다. 그러면서 나도 모르게 책을 단숨에 끝까지 읽어나가게 되었다. 마치 이 책 자체가 하나의 진득한 몰입 경험을 할 수 있도록 정교하게 구성되어 있다는 느낌을 받았다. 기존의 몰입 관련 서적에 식상함을 느꼈던 독자들에게 크게 추천하는 책이다.

이윤규 | 변호사·공부법학회 회장·『몰입의 기술』 저자

제1부
마음과 감각의 조화
내면의 평화를 통한 집중력 향상법

제2부
상체의 지혜
몸의 중심을 활용한 집중력 강화

내 몸이 가르쳐주는
생생한 몰입의 비밀

집중을 배우기 위해 나는 히말라야로 떠났다.

그리고 그곳에서 위로가 되는 통찰을 얻었다. 이 책에서 나는 인생의 의미를 회복시키는 집중과 몰입에 관해 깨달은 것을 쏟아놓으려 한다.

당신도 인정하듯이 우리는 지금 집중력의 위기 시대를 살고 있다. 집중은 이제 쉽게 방해받고, 부서지고, 조각조각 흩어지는 능력이 되었다. 끊임없는 알림, 정보의 홍수, 디지털 기기의 유혹 속에서 우리의 주의력은 산산조각 나고 있다. 한때 인간의 집중력이 금붕어보다 짧아졌다는 믿기 힘든 소문이 퍼졌다. 가짜 뉴스이긴 했지만, 그것이 화제가 된 이유는 우리의 불안을 정확히 짚었기 때문이다.

많은 이들이 더 오래 쉬면 나아지리라 생각하지만 그것만으로는 부족하다. 당신이 행복을 느끼던 독서, 취미, 대화, 로맨틱한 저녁마저도 의미를 잃게 된다. 이 집중력 부족 현상은 우리 사회와 개인의 삶에 조용하지만 거대한 혼란을 일으키고 있다. 전자매체가 인간의 뇌 구조를 변화시킨다는 충격적인 사실이 밝혀졌고, 실험 참가자들의 집중력은 종이 잡지보다는 인터넷을 사용한 후에 더 크게 감소했다.

집중력은 단순한 능력이 아니다. 우리의 생존, 성공, 행복을 좌우하는 핵심이다. 집중하지 못하면 인간은 아무것도 해내지 못하고 어떤 것에서도 기쁨을 얻지 못하며 일도, 사랑도, 친구도 유지할 수 없다. 심지어 고독도, 공동체도, 분별력도, 창의성도 당신에게서 떠나간다. 편안한 잠자리조차 보장되지 않는다.

그렇다. 집중하지 못하면 모든 것이 의미를 잃는다.

이 책은 당신을 그 혼돈에서 구해낼 열쇠를 제공한다. 히말라야의 고요 속에서 시작된 이 여정은 집중의 비밀을 향한 흥미진진한 모험으로 당신을 안내할 것이다. 괴테의 예술적 통찰부터 현대 과학의 놀라운 발견까지, 우리는 인간 정신의 가장 심오한 능력을 탐험하게 될 것이다. 이 모든 기묘한 이야기들이 우리의 가장 귀중한 능력인 집중력의 비밀을 풀어낼 열쇠가 될 것이다. 하나하나 별 상관없던 이야기들이 마지막에 오면 큰 그림의 퍼즐조각이었음을 보게 될 것이다.

특이하게도, 이 여정은 "우리의 몸"을 따라 이어진다. 집중은 신체 전체와 조밀하게 연관되어 있기 때문이다. 머리에서 시작해 멀티태스킹에 사로잡힌 손, 모든 것의 중심인 배꼽, 우리를 실제 또는 상상의 장소로 이끄는 발까지, 우리는 집중의 모든 측면을 탐험하게 될 것이다. 그리하여 당신을 집중의 만화경 속으로 안내할 것이다. 심리학, 의학, 철학, 문학, 음악, 경제학, 윤리학, 역사를 아우르며 당신에게 집중의 다양한 세계를 음미하여 보도록 안내할 것이다.

자, 이제 당신의 집중력을 되찾고, 인생의 주도권을 잡을 때다. 이 책과 함께 그 여정을 시작하자.

폴커 키츠

말하기를 멈추자
눈여겨볼 것이 늘었다

공기가 희박하고 산소가 부족한 해발 2000미터, 그곳에 우리가 있다. 나는 점점 더 작은 버스로 갈아타고, 택시를 타고, 마지막엔 걸어서 가파른 오르막을 올라왔다.

목표는 외딴곳에서의 침묵 수련이다. 다시 맑은 정신으로 사고하기 위해 잡념을 잊고자 함이다. 집중력을 되찾고 싶다.

그래서 번잡한 대도시의 생각 폭격에서 도망쳐 왔다. 온갖 자극, 재촉, 드라마 시리즈, 벨소리, 알람 진동, 미래 시나리오와 과거 극복하기, 손끝의 근질거림에서 벗어났다.

스마트폰 메시지 확인과 답장, X나 Y 검색 충동(그리고 그에 따른 새로운 의문들), 노래나 영화 예고편 시청 유혹에 빠지지 않고 긴 글을 읽거나 쓰는 것이 점점 더 어려워지는 상황에서 벗어났다.

기억력 저하가 심해지는 상황에서 탈출해, 나는 10일간 세속과 완전히 단절된 채 지내기로 했다. 가족조차 전화를 걸거나 쪽지를 주머니에 넣어줄 수 없는 곳이다.

그들은 우리의 전화기를 압수하여 투명한 비닐봉지에 넣어 치워버렸다.

우리가 지켜야 할 규칙은 여섯 가지다.

첫째, 살생하지 않기. 우리는 그것을 읽으며 키득거렸다. 애거사 크리스티 추리소설처럼 멀리 외진 곳에서 서로를 죽일 일은 없을 거라 믿고 이곳에 왔기 때문이다. 그러나 "동물이 여러분의 침대로 기어오를 때도 마찬가지입니다"라고 그들이 덧붙였다. 아무리 작고 독이 있거나 위험해 보이더라도, 어떤 생명체도 해쳐서는 안 된다는 뜻이었다.

그 외에도 섹스, 음주, 거짓말, 도둑질이 금지되었다. 이는 불교의 기본적인 수행 규칙들이었다. 그들은 다섯 가지 규칙에 하나를 더했다.

말하지 말 것.

말을 하지 않으니, 눈여겨볼 것이 아주 많아졌다.

며칠째 우리는 아무 말도 하지 않았다. 점심 식탁에 앉아 오로지 씹기만 했다. 만약 다른 이들도 함께 침묵 속에서 음식을 씹고 있지 않더라면, 나는 마치 원숭이가 된 듯한 기분을 느꼈을 것이다.

이 모든 규칙은 이미 내 집중력에 영향을 미치고 있었다. 주변 환경과 일상 그리고 내 행동을 인식하는 방식이 달라지고 있었다. 집중은 자기 절제와 맞닿아 있다.

오직 침묵 규칙에만 예외가 있었다. 극소수의 응급 상황이나 협곡 초입에 있는 작은 상점에서 물건을 살 때처럼 불가피한 경우에는 말을 해도 된다.

"화장지라고 외치는 게 더 간단하다면, 그냥 '화장지'라고 하세요." 독일어 악센트가 강한 영어로 한 여성이 활기차게 말했다. 괴상한 몸짓으로 설명하기 전에 그냥 '화장지'라고 말하라는 뜻이었다. 그녀는 히말라야에서 불교 승려로 살며 남녀 수행자들이 규율을 지키도록 관리하는 독일 출신 여성이다.

잠시라도 타인과의 대화를 멈추면 놀라운 일이 벌어진다. 심지어 자신과의 내적 대화마저 멈추게 되는 것이다! 침묵 속 독백, 생각조차 사라진다. 고민, 추적, 제자리를 맴도는 생각들, 모두 사라진다. 이러한 생각의 해방은 내가 예상했던 것보다 훨씬 더 빠르고, 갑작스러우며, 놀라운 방식으로 찾아왔다.

원숭이가 나뭇가지에 앉아 있다. 잠깐 한눈판 사이에, 놈이 여자의 가방을 훔쳤다. 작은 동물의 흥분된 움직임과 바람에 나뭇가지가 크게 휘어져 부러질 듯했다. 원숭이는 가방에서 바나나를 꺼내고, 서둘러 다른 내용물을 점검하고, 실망한 듯 입을 삐죽 내밀며 가방을 버렸다. 가방이 진흙탕에 철석 떨어졌다. 핸드백 주인이 한숨을 내쉬었다.

목이 아플 정도로 머리를 뒤로 젖혀야만 높이 솟은 침엽수 꼭대기에 있는 놈의 모습을 볼 수 있었다. 한 손으로 바나나 줄기를 잡고, 다른 한 손으로 바나나 끝을 누르자 껍질이 갈라졌다. 원숭이는 껍질을 하나씩 차례차례 아래로 벗겨냈다. 힘차게 고개를 끄덕이며 말랑말랑한 바나나를 베어 먹었다. 우리가 금방이라도 나무에 올라 그의 입에서 바나나를 낚아챌 것처럼, 놈은 허겁지겁 서둘러 씹었다.

우리는 그저 아래에 앉아 지켜보고만 있다. 히죽 웃는 것처럼 보이는 원숭이를 올려다보고, 매서운 바람을 막기 위해 꽁꽁 싸맨 점퍼 위로 서로의 얼굴을 쳐다보고, 저 아래 깊은 협곡을 내려다보고, 다시금 우리의 접시를 바라본다.

내 입은 음식의 느낌을 음미한다. 내 마음속은 고요함으로 가득 찼다. 이 작은 불교 사원에서, 침묵 명상 수련회가 나를 기다리고 있다.

원숭이는 새로운 먹잇감과 새로운 장난거리를 찾아 멀리 사라졌다.

제1부

마음과 감각의 조화

내면의 평화를 통한 집중력 향상법

01 | 머리

생각을 억누르지 말고
풀어놓기

생각을 억누르면
더 강해지는 이유

"북극곰을 생각하지 않으려 할수록 이 빌어먹을 곰이 자꾸 떠오를 것이다. 직접 한번 해보라." 1863년, 작가 표도르 도스토옙스키는 생각과의 전투를 놀람, 좌절, 감탄, 혐오가 뒤섞인 이 복잡한 감정으로 묘사했다. 당시 그는 독일, 프랑스, 영국, 스위스 등 고전적 유학 코스인 첫 번째 서유럽 여행을 마치고 돌아와 『여름 인상에 대한 겨울 메모』를 썼다. 이 여행에서 그는 비스바덴과 바덴바덴의 도박장에서 러시아에선 금지된 룰렛을 처음 접했다. 이 도박은 그의 머릿속에서 떨쳐낼 수 없는 북극곰이 되어 소설 『노름꾼』의 탄생을 이끌었다.

약 1세기 후, 미국 심리학자 대니얼 웨그너는 '억제할수록 더 떠오르는 북극곰 현상'을 과학적으로 연구했다. 그는 피험자들을 두 그룹으로 나누었다. 한 그룹은 먼저 5분간 북극곰을 생각하지 않으려 노력한 뒤, 그다음 5분간 의식적으로 북극곰을 떠올려야 했다. 다른 그룹은 이와 반대 순서로 진행했다. 즉, 먼저 의도적으로 곰을 상상하고 이어서 그 생각을 떨쳐내야만 했다. 모든 참가자는 소리 내어 생각을 말해야 했다. 이를 통해 웨그너는 피험자들의 머릿속에서 벌어지는 일, 곧 '의식의 흐름'을 기록할 수 있었다.

실험 결과는 우리가 의식의 흐름을 어느 정도 통제할 수 있음을 보여준다. 하지만 그 정도는 미미할뿐더러, 오히려 통제하려는 시도 자체가 역효과를 낳을 수 있음이 드러났다. 어느 누구도 생각을 완전히 억누를 순 없었다. 심지어 엄격히 금지된 단계에서조차 백곰은 분당 평균 1회 이상 사람들의 머릿속을 파고들었다. 도스토옙스키의 예측대로 "이 빌어먹을 곰"이 자꾸 떠오를 수밖에 없었던 것이다. 생각하지 않으려 할수록 오히려 더 강렬하게 떠오른다! 다른 실험에서는 피험자들에게 진자를 주고 좌우로만 흔들도록 지시했다. 이때 진자를 절대 앞뒤로 움직이지 말라고 강조했는데, 역설적으로 피험자들은 오히려 금지된 방향인 앞뒤로 진자를 움직이는 경향을 보였다.

그 이유는 무엇일까? 어떤 생각을 억누르려 들면, 뇌는 오히려 그 생각에 더욱 주목하게 된다. 억눌러야 할 대상이 무엇인지 알아야 억누를 수 있기에, 뇌는 마치 북극곰을 찾아내 입장을 막아야 하는 문지기처럼 작동하면서 북극곰에 초점을 맞추게 되는 것이다.

하지만 진짜 놀라운 일은 먼저 북극곰을 생각하지 않으려 애썼던 그룹에서 발생했다. 처음부터 북극곰을 떠올려야 했던 그룹에 비해, 이들의 정신은 훨씬 더 자주 북극곰에게 시달렸던 것이다. 특정 생각을 억압하면 뇌에서는 그에 대한 보상 심리가 발생한다. 뭔가를 생각하지 않겠다는 다짐이 오히려 반대 결과를 초래하는 셈이다. 웨그너는 이런 현상을 '역설적 과정'이라 명명했다.

역설적 과정은 진자와 북극곰보다 훨씬 일상적인 차원에서도 연구된 바 있다. 가령 흡연자가 일주일간 담배 생각을 억누르면 이후 대조군보다 더 많이 담배를 피우게 된다. 5분 동안 초콜릿 생각을 금지하면 갑자기 초콜릿이 간절해지는 것도 마찬가지다.

웨그너의 연구에 따르면 역설적 과정은 우리의 집중력을 방해한다. 어떤 일에 주의를 빼앗기지 '않으려고', 그것에 신경 쓰지 '않으려고' 애쓸수록 오히려 그것이 더욱 강하게 의식을 사로잡는다. 특히 스트레스 상황일 때 더욱 그렇다. 한 실험에서 피험자들에게 도시명 목록을 주고 절반에만 집중하라고 했다. 여기에 숫자 하나를 더 기억하게 해서 스트레스를 유발한 결과, 피험자들은 일부러 주의를 기울이지 않으려 했던 나머지 절반 목록에서도 여러 도시 이름을 기억해냈다.

이에 대한 해결책으로 심리학자들은 '의도적 주의 전환'이라는 개념을 제시한다. 생각을 억누르기보다 다른 데로 주의를 돌리는 것이다. 가령 북극곰이 떠오르면 빨간 폭스바겐을 상상하는 식이다. 실험 결과 이 방법으로 북극곰 생각을 완전히 떨쳐내진 못했지만, 적어도 북극곰에 덜 신경 쓰는 데는 도움이 되었다. 북극곰이 다시 떠오르는 빈도가 줄어든 것이다.

의식의 흐름:
집중력의 본질을 밝히다

제임스 조이스를 세계적인 작가의 반열에 올린 대표작이 있다. 침대에 누워 잠 못 이루는 한 여인, 보조교사 스티븐 디덜러스Stephen Dedalus의 아내 몰리의 머릿속을 꼬리에 꼬리를 무는 생각들이 가득 채운다.

… 닭이 울 무렵이면 옆집 자명종 시계가 스스로 정신을 차리려는 듯 요란하게 울어댈 거야. 내가 다시 잠들 수 있을지 보자. 1 2 3 4 5. 벽지에 별처럼 박힌 꽃들은 무슨 꽃일까? 롬바르드 거리 벽지가 훨씬 더 예뻤어. 그이가 선물한 앞치마와 무척 비슷한 무늬였지. 하지만 난 그걸 딱 두 번 둘렀어. 램프 불을 좀 낮춰서 일찍 일어날 수 있게 다시 한번 잠들어 봐야지. 핀들레이터 가게 옆 럼 가게에 가서 집 안을 장식할 꽃을 좀 사오라고 해야겠어. 어쩌면 그이가 올지도….

이런 문장들, 아니 정확히는 이렇게 줄줄이 이어지는 50쪽이 소설 『율리시스』의 대미를 장식한다. 1922년에 발표된 이 소설에서 제임스 조이스는 호메로스의 『오디세이아』를 차용해, 광고회사 외판원 레오폴드 블룸이 더블린 거리를 방황하는 모습을 그려냈다. 블룸의 여정은 몰리와 스티븐 부부의 삶과 교차한다. 이 작품의 혁신적인 점은 여러 인물의 시선을 통해 사건을 번갈아 묘사하며, 인간의 의식 속 생각의 흐름을 있는 그대로 재현하려 했다는 것이다. 문장을 질서정연하게 배치하는 작가의 손길을 드러내지 않으려 했다. 이런 서술 기법은 마지막 장에서 몰리의 생각이 구두점 없이 쏟아지며 절정에 달한다. 이 서술 방식은 문학계에서 '의식의 흐름'이라는 용어로 유명해졌다.

사실 생각은 소설에서 표현할 수 있는 것보다 훨씬 더 거칠고 빠르며, 비언어적으로 머릿속을 흐른다. 심리학자 윌리엄 제임스는 미국에서 과학적 심리학의 기반이 된 『심리학의 원리 The Principles of Psychology』(1890)에서 '의식의 흐름'이라는 개념을 처음 사용했다. 제임스가 정의한 '의식'은 생각을 질서정연하게 운반하는 '기차'나 '사슬'이 아닌, 끊임없이 변화하는 '역동적인 흐름'이었다. 그는 이 개념으로 머릿속 소음을 묘사했다.

우리가 일상을 살아가려면 이러한 거친 생각의 흐름 속에서 붙잡을 지지대, 즉 "관점"을 찾아야 한다. 윌리엄 제임스의 표현대로, "빛과 그림자, 배경과 전경"을 만들어내야 한다. 이를 위해 우리가 사용하는 것이 주의력이다. 제임스의 유명한 말을 인용하자면, "주의력이란, 동시에 가능해 보이는 여러 대상이나 생각 중 하나를 정신이 선명하고 생생하게 붙드는 것이다." 이런 주의력을 사로잡아 유지하는 능력을 윌리엄 제임스는 집중력이라 불렀고, 그 반대말로는 '산만함'이 가장 적절하다고 여겼다.

집중력은 의지의 힘으로 한 가지 일에 주의력을 묶어두는 것이다. 윌리엄 제임스가 당연하게 여겼던 이 일이 얼마나 어려운지를 훗날에야 심리학이 설명할 수 있었고, 어떻게 하면 집중력을 유지할 수 있는지도 찾아내야만 했다.

뇌파로 보는
집중력

중국에서 진행된 대규모 실험에서는 1만 명의 학생들에게 초록, 노랑, 빨강 신호등이 부착된 머리띠를 각각 나눠주었다. 교사는 머리띠의 신호등을 보고 학생들이 수업에 집중하는지, 아니면 '도움'이 필요한지(혹은 수업을 더 흥미롭게 구성해야 할지) 알아챘다.

반면, 두뇌의 집중은 놀라울 정도로 명확히 외부로 드러난다. 두피의 전압만 재면 알 수 있다. 새로운 방법은 아니다. 두피에 붙

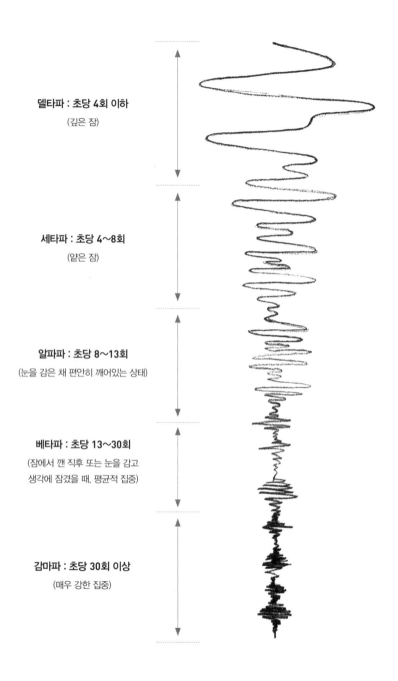

델타파 : 초당 4회 이하
(깊은 잠)

세타파 : 초당 4~8회
(얕은 잠)

알파파 : 초당 8~13회
(눈을 감은 채 편안히 깨어있는 상태)

베타파 : 초당 13~30회
(잠에서 깬 직후 또는 눈을 감고
생각에 잠겼을 때, 평균적 집중)

감마파 : 초당 30회 이상
(매우 강한 집중)

인 뇌전도 전극으로 뇌의 전류를 측정한 지는 벌써 100년이 넘었다. 집중할수록 뇌파의 주파수가 높아지는 식이다. 이때 과학이 이름 붙인 전형적인 파동이 생긴다.

연구진은 오랜 기간 명상 수련을 해온 수도자들의 뇌파 주파수가 일반인 평균치보다 30배 이상 높다는 사실을 발견했다.[*] 그래서 신호등 머리띠로 다른 사람이나 자신의 집중력을 측정하고 훈련 상황을 추적하려는 아이디어는 어느 정도 타당해 보인다.

이 머리띠를 제작한 브레인코BrainCo는 집에서도 사용할 수 있도록 개인에게도 판매한다. 그들은 누구나 자신의 집중력을 통제하고 훈련할 수 있어야 한다고 믿는다. 두피 표면에서 집중력을 측정하는 기기를 개발하기 위해서는, 우선 두뇌 내부에서 일어나는 현상을 정확히 이해해야 한다. 우리의 뇌는 화학과 물리학의 고전적 법칙을 따른다. 신경세포, 이른바 뉴런은 서로 소통하고 시냅스라는 연결지점을 통해 신호를 전달하는데 이것을 '발화한다'고 표현한다. 이때 화학물질과 전류가 흐른다. 그 자체로는 별로 대단한 과정이 아니다.

그러나 오랜 기간 뇌를 연구해온 신경과학자들에게조차 뇌는 여전히 미스터리로 가득한 영역으로 남아있다. 정확히 어디에서,

---

[*] 이는 집중력이 훈련을 통해 크게 향상될 수 있다는 가능성을 보여준다. 수도자들의 높은 뇌파 주파수는 지속적인 명상 수련의 결과로, 뇌의 가소성을 입증하는 증거이기도 하다. – 편집주

어떻게, 언제 무엇이 어디로 흐르고 활성화되며 왜 그런 걸까? 많은 이들이 바라는 만큼 명쾌하게 설명되지 않는 현상이다. 무엇보다 모든 사람에게 통용되는 설명은 불가능하다. 집중했을 때 뇌에서 일어나는 일은 우리가 무엇에 집중하느냐, 혹은 눈이나 귀를 쓰는지 아니면 상상력을 동원하는지에 따라서도 확 달라진다.

의료용 뇌전도는 보통 머리에 빽빽이 붙어 있는 21개의 케이블을 사용하는데, 가느다란 머리띠에 달린 전극으로는 정확도가 다소 떨어질 수밖에 없다. 게다가 아무리 활발한 베타파를 보더라도 교사는 자기 학생이 수업에 집중하는지, 아니면 다른 것에 집중하는지 구별할 수는 없다. 학생은 책상 밑에 숨긴 스마트폰으로 온라인 게임에 열중하고 있을지도 모른다.

의식의 흐름을 활용한
몰입 훈련법

소극장 예술가이자 작가인 일한 아타소이[Ilhan Atasoy]는 수천 편의 시를 외운다. 시인의 이름과 제목만 말해주면, 그는 그 시를 암송해낸다. 그는 곳곳을 다니며 시 낭송 공연을 한다. 수십 년째 매일 잠들기 전 자신을 위해 적어도 열 편의 시를 낭독한다. 그의 집중력은 의심할 여지 없이 탁월하다.[*]

시 암송 훈련은 단순하면서도 재미있지만, 대부분은 그저 학창 시절에나 경험해봤을 뿐이다. 다시 시도해보도록 여기 시 하나를 소개한다. 제목에 머리 '두'(頭) 자가 들어가는 시다.

후두
한스 뵈티허(1883 - 1934)

편두통을 앓는 후두
하이에나처럼 비명 지르네,
상처가 나도록 소리치네.
그러나 아무도 그를 돕지 않고
아무도 그의 비명을 듣지 않았을 때
갑자기 그는 건강해졌다네.

아무리 힘든 일이라도 훈련하면 된다. 집중력도 마찬가지다. 힘든 일이 다양한 만큼 훈련 방법도 가지각색이다.

---

* 시는 우리의 감각과 감정, 상상력을 자극하여 깊이 있는 몰입을 가능하게 한다. 특히 '의식의 흐름'에 따라 자유로운 연상과 이미지의 흐름을 따라가며 읽히기에, 마치 명상을 하듯 자연스럽게 집중력을 높일 수 있다. - 편집주

12분의 고요:
날뛰는 생각을 가라앉히는 연습

"여기서 말할 수 있는 사람은 저뿐입니다."

조나단은 이렇게 말하며 씩 웃었다. 서른 중반으로 보이는 그는 풍성한 금발과 며칠 기른 듯한 수염을 하고 있었고, 일상복 차림이었다. 절대 불교 승려 같아 보이지는 않았다.

"전 한때 대도시의 힙스터였죠. 창의적이고 각광받는 직업에 파티, 친구들까지. 새로운 트렌드라면 놓치는 법이 없었어요." 번잡함 자체가 그를 불행하게 하진 않았지만 '불안하게' 만들었단다. 흥미로운 사연이다. 그는 다른 삶의 방식을 시도해보고 싶었고, 결국 스칸디나비아를 떠나 인도로 가 명상을 배웠다. 그리고 지금은 직접 명상을 가르치고 있다.

"기원전 500년, 부처는 질병, 노화, 죽음 같은 인류의 근본 문제에 대한 해답을 찾고 있었어요. 오늘날 우리가 어떤 세상을 내달리고 있는지 부처는 상상조차 못 했겠죠." 조나단의 말이다.

이 깊은 산속에서 태어나 자란 불교 승려들 역시 상상 못할 것이다. 그들이 우리의 숨 가쁜 일상을 접하는 건 기껏해야 뉴스를 통해서일 것이다. 그들의 눈에 우리의 끊임없는 피로감은 구제 불능의 정신 상태로 비칠지도 모르겠다.

우리는 명상실에 앉아 있다. 서까래와 딱딱한 나무 마루가 있는 커다란 방이다. 바닥에 깔린 매트 위로 명상용 방석들이 놓여 있다. 나는 모서리 쪽에 자리 잡고 다른 이들처럼 방석에 앉았다. 왠지 유난히 작아진 기분이었다.

"다리를 앞으로 뻗은 후 무릎을 약간 구부리세요. 삼각형을 만들 듯이 종아리를 겹치거나 마주 보게 두는 거예요. 무릎이 골반보다 더 내려가 바닥에 닿아야 해요." 우리의 명상 가이드인 조나단이 말했다. "상체를 똑바로 세우기 위해서입니다."

"군인처럼 뻣뻣하게 하라는 건 아니에요. 여긴 북한이 아니니까요." 물론 조나단은 명상 지도자답게 평화롭고 차분한 목소리로 말했다. 나는 주위를 슬쩍 둘러봤다. 북한에서 온 사람이 있을까? 아마 없겠지만, 집중력을 되찾기 위해 나보다 더 먼 곳에서 온 이들도 있으리라.

우리는 침묵 속에서 눈인사로 서로를 알아갔다. 둥그스름한 양철 냄비 옆을 줄지어 지나며 각자의 접시에 음식을 담을 때, 세면실 거울과 거울 사이로 시선을 교환할 때도. 눈동자를 움직일 때조차 소리가 들릴 것 같은 고요함이었다.

"자, 그럼…." 조나단이 우리를 훑어보았다.

시작이다. 우리는 양손을 무릎 위나 배 앞에 포갰다.

"눈은 뜨셔도 좋고 감으셔도 좋아요. 반쯤 뜨는 것도 괜찮죠. 편하신 대로 하세요."

나는 세 가지 방법을 재빨리 시도해봤다. 반쯤 뜨는 게 제일 나은 것 같다. 그러면 시야가 아련해지면서 앞에 앉은 이의 등과 저녁 추위를 막기 위해 어깨에 두른 망토가 흐릿하게 보인다.

"호흡에 집중하세요. 숨을 들이마시고, 내쉬고. 들이마시고, 내쉬고."

호흡! 명상과 집중력의 클리셰다. 여기 앉아 호흡하는 내 모습을 친구들이 본다면 배꼽 잡고 웃겠지. 하지만 난 지금 홀로 호흡하는 중이고, 역설적으로 호흡이 오히려 집중을 방해하고 있다. 호흡에 집중하면 잡념이 가라앉아야 할 텐데 머릿속에 그림들이 더 많이 떠오르는 것 같다. 반쯤 뜬 눈앞의 흐릿한 수채화가 기울어진다. 갑자기 원숭이, 금고에 보관된 내 스마트폰, 전나무 가지, 지난 크리스마스 가족사진 등의 이미지가 떠오른다. 이 무작위한 장면들은 대체 어디서 온 걸까?

"들이마시고, 내쉬세요. 이건 시작일 뿐이에요. 깨달음으로 곧장 이어지진 않아요."

조나단의 목소리에 내 생각은 다시 명상실로 돌아왔다.

그럼에도 눈앞의 상영회는 멈추지 않았다. 두 줄 앞에 앉은 30대 초반으로 보이는 여성. 난 그녀가 뭄바이나 방콕 같은 곳의 분주한 사무실에서 단정한 차림으로 일하는 은행원이라고 상상한다. 내 앞자리에 앉은 남성은 나이가 좀 더 많아 보이고 수염이 듬성듬성 났다. 그가 교실 앞에서 면도하는 광경을 떠올려본다.

"들이마시고, 내쉬세요."

캐나다의 한적한 시골 고등학교다.

"들이마시고, 내쉬세요."

식사 때 앞자리를 양보했던, 야구 모자를 쓴 날렵해 보이는 여성은 대학생 같다.

"잡념이 아무리 떠오른다 해도 낙담하지 마세요. 그냥 호흡으로 돌아오세요. 좌절하지 마세요."

드디어 12분이 지나고 종이 울렸다.

"우리는 자유의지를 매우 자랑스러워해요. 하지만 단 몇 초 동안이라도 호흡에 집중하지 못한다면, 우리 의지는 과연 얼마나 자유로운 걸까요?"

맞아, 참으로 충격적이다! 나도 모르게 크게 한숨을 내쉬었다. 다른 이들도 마찬가지였다. 솔직히 정말 많은 이들이 한숨을 쉬었다.

첫날 밤의 서막은 내겐 훨씬 길게 느껴졌다.

"그래서 서양인이 서양인에게, 다시 말해 여러분이 저에게 명상을 배우는 것도 나쁘지 않아요."

질병, 노화, 죽음. 인류의 근본 문제는 여전히 남아 있다. 하지만 앞으로 열흘간 우리가 마주할 문제는 그게 아니다. 우리 같은 이들이 1차 목표는 단순하다.

"삶의 스트레스 줄이기."

말을 해선 안 되는 사람에겐 관찰밖에 할 일이 없다. 저녁을 먹는 동안 태양은 산등성이 뒤로 사라져 다시는 모습을 드러내지 않았다.

이렇게 히말라야에서의 첫날 밤이 시작됐다. 침묵 세미나와 함께 우리의 움직임도 더욱 고요해지고 느려졌다.

02 | 눈

눈을 감으면
집중력이 올라간다

변화를 알아채지 못하는

우리의 눈

이 그림을 한 번 자세히 들여다보라.

이제 다음의 그림을 보라.

두 그림은 다른 그림인가?

방금 당신은 고전적인 심리학 실험에 참여했다. 이 실험에서 참가자의 약 70퍼센트가 정확하게 답변했다. 언뜻 높아 보이나 실제로는 매우 낮은 수치다. 예/아니오 질문이라 정답 확률이 애초에 50퍼센트에서 시작하기 때문이다.

이 실험은 '변화맹'을 잘 보여준다. 일상 사물이 그려진 두 그림을 짧은 간격으로 보여주면, 사물 위치가 바뀐 걸 아는 사람이 놀라울 정도로 적다. 이번 실험에서는 페이지를 넘기는 순간의 짧은 간격만으로도 바나나와 당근 자리가 서로 바뀌었다.

변화맹 실험은 그 효과가 어마어마해 심리학 실험 중 가장 인상 깊은 것으로 꼽힌다. 가령 스크린을 잠깐 흔들어 관객 시선을 돌린 뒤, 영화 속 대화 장면의 두 사람 얼굴을 바꾸면 대다수가 변화를 인지하지 못한다.

행인과 배우가 대화를 나누는 몰래카메라 영상도 유명하다. 둘이 얘기하는 동안 누군가 '우연히' 커다란 상자를 들고 사이를 스쳐 지나가는데, 그 찰나에 배우가 다른 사람으로 바뀐다. 대부분의 행인은 이를 눈치채지 못한다. 마치 아무 일도 없었다는 듯이, 마치 앞사람이 여전히 같은 사람인 양 계속 대화를 이어간다.

이 실험은 우리의 지각이 순간순간 새롭게 구성된다는 사실을 보여준다. 뇌는 소위 '순간 포착' 이미지를 영구적으로 보관하지 않는다. 눈 깜빡일 때마다 순간 포착 이미지는 삭제되거나 덮어쓰기가 되는 것 같다. 연구자들은 우리에게 '중간 저장 기능'이 없다고 추정한다. 언제든 최신 이미지를 만들어낼 수 있으니 그런 기능이 필요 없다는 거다.

일상은 대개 심리학 실험처럼 극적으로 바뀌지 않아서 기본적으로는 큰 문제가 없다. 현실에선 대화 상대가 갑자기 얼굴을 바꾸거나, 장난 영상을 찍으려고 다른 사람과 자리를 바꾸지 않으니까. 게다가 우리 뇌는 일관된 지각을 만들어내기 위해 열심히 일한다.

예컨대 코끼리가 코앞에 있든 100미터 떨어져 있든, 즉 망막에

맺힌 상이 크든 작든 상상 속 코끼리는 항상 같은 크기다. 심리학에선 이를 '지각 불변성'이라 부른다.

하지만 이는 뇌의 눈속임이다. 우리는 어떤 일이 일어나는 바로 그 순간만 진정으로 지각할 수 있다. 위 그림에서 바나나 위치 같은 디테일은 거기에 집중할 때만 알아챌 수 있다. 집중하지 않으면 그냥 지나친다.

맹점을
메우는 뇌

우리가 본 것은 얼마나 실제에 가까울까? 우리의 정신적 눈은 분명 허상만을 만들어낼 수 있다. 그러나 우리가 눈으로 보고 실제라고 여기는 이미지들 역시 머릿속에서 생겨난다. 뇌는 눈이 보낸 신호들을 해석하고 결합하여 우리가 이미지로 인지하게 해준다. 이때 뇌는 자신만의 고유한 규칙을 따른다. 맹점을 찾는 과정에서 이를 명확히 알 수 있다. 망막의 맹점 부위에서는 시신경이 빠져나가므로 그곳에는 시각세포가 없다.

이 장의 앞부분, 과일과 채소 그림을 이용하여 당신의 맹점을 찾아낼 수 있다. 팔을 앞으로 쭉 뻗어 그림을 얼굴과 정확히 같은 높이에 들어라. 오른쪽 눈을 감은 상태에서 왼쪽 눈으로 당근의

오른쪽 끝을 응시하라. 책을 천천히 눈 쪽으로 당겨라. 언젠가 왼쪽 아래의 딸기가 사라질 것이다. 그것이 맹점이다.

하지만 맹점은 완전한 공백으로 남아 있지 않는다. 뇌는 빈 곳을 주변의 종이 색깔, 즉 흰색으로 메워 버린다.

눈으로 하는
집중 훈련법

대부분의 집중력 훈련은 시각적 요소를 활용한다. 한 텍스트에서 특정 알파벳이 얼마나 자주 등장하는지 세어보는 것도 좋은 방법이다. 로마 시인 루크레티우스는 머릿속 그림들과 집중력의 관계에 대해 몇 편의 글을 남겼는데, 그림들이 생각을 조종하는지 아니면 그 반대인지 묻는 내용이었다. 그렇다면 다음 텍스트에 'ㅎ'은 몇 개나 들어 있을까?

『의지와 주의력에 관하여』
이 주제를 완전히 이해하기 위해서는 아직도 많은 질문과 해명이 필요합니다. 가장 중요한 질문은 다음과 같습니다. 우리의 정신은 어떻게 의도한 것을 즉각적으로 떠올릴 수 있을까요? 우리의 의지를 읽은 다음 그에 맞는 이미지를 즉

시 제공하는 것일까요? […]

아니면 다른 설명이 더 타당할까요? 우리가 한 단어를 말하는 짧은 순간에도 수많은 미세한 순간들이 숨겨져 있어, 언제 어디서나 다양한 이미지들이 나타날 수 있는 것은 아닐까요? 이 때문에 우리의 생각들이 매우 유동적이고 무수히 많아 보이는 것일 수 있습니다. 한 이미지가 사라지고 새로운 이미지가 나타날 때, 마치 처음 이미지가 변형된 것처럼 보이는 것입니다. […]

섬세한 대상에 주의를 기울일 때, 우리의 눈이 어떻게 집중하고 의지를 그곳으로 향하게 하는지 주목해 보십시오. 이러한 노력 없이는 명확히 볼 수 없습니다. 또한, 분명히 인식할 수 있는 것들도 정신이 주의를 기울이지 않으면 시야에서 멀어지는 것을 경험할 수 있습니다.

정신이 집중하는 것 외에 다른 모든 것을 놓치는 것이 왜 놀라운 일일까요? 더욱이 우리는 종종 아주 사소한 현상에 과도한 상상을 더해 자신을 착각에 빠뜨리곤 합니다.*

_루크레티우스 (기원전 99년경~기원전 55년)

---

* 원문은 독일어 텍스트에서 소문자 'h'를 찾는 훈련이다. 텍스트의 내용을 이해하면서 알파벳을 찾는 것이 이 훈련의 핵심이라, 한국어로 옮기고 'ㅎ'을 찾게 바꿨다. - 옮긴이

눈으로 하는 또 다른 집중력 훈련이 있다. "네가 놓친 것을 내가 발견했다"라는 오래된 놀이가 있는데, 이제는 이 놀이를 혼자서도 할 수 있다. 그러면 이 놀이의 제목은 "내가 보지 '못했던' 것을 이제는 본다"가 된다. 주변을 탐색하여 이전에 인식하지 못했던 사물들을 찾아내 보는 것이다.

이러한 집중력 훈련 게임들은 우리의 주의력과 인지 능력을 향상시키는 데 도움이 된다. 이를 더욱 발전시켜, "변화 감지 챌린지"라는 새로운 게임을 해볼 수 있다. 이런 식이다.

1. 먼저, 자신의 일상적인 환경(예: 방, 사무실, 거실 등)을 1분 동안 자세히 관찰한다.
2. 그 후, 눈을 감고 30초 동안 방금 본 환경을 최대한 자세히 마음속으로 그려본다.
3. 눈을 뜨고 다시 환경을 관찰하면서, 처음에 보지 못했거나 기억하지 못한 세부사항들을 찾아낸다.
4. 발견한 새로운 세부사항들을 기록한다.
5. 이 과정을 매일 반복하되, 매번 다른 공간이나 다른 시간대에 수행한다.

이 게임의 목적은 일상적인 환경에서 우리가 얼마나 많은 것을 무의식적으로 놓치고 있는지 깨닫고, 더 세심한 관찰력을 기르는 것이다. 이는 루크레티우스가 언급한 "섬세한 대상에 주의를 기울이는" 능력을 향상시키며, 동시에 "내가 보지 '못했던' 것을 이제는 본다"는 개념을 실천하는 방법이 된다.

이는 우리의 기억력과 집중력을 향상시키는 동시에, 현재 순간에 더욱 깊이 몰입할 수 있는 능력을 길러준다.

잠드는 순간에
일어나는 일

잠드는 순간은 집중력의 외줄 타기와도 같다. 그날 일어난 일들을 생각하며 떠오르는 그림들에 강하게 집중하면, 잠은 오지 않는다. 깜깜한 무(無)에 집중해도 잠은 오지 않는다. 잠 자체에 집중하면, 잠은 절대 오지 않는다.

이미지들이 자유롭게 흘러가도록 여유를 주고 집중을 조금씩 내려놓아야 잠들기에 성공한다. 이 집중의 적정 수준을 찾기란 대단히 어렵다. 그래서 그것이 가능하다는 사실조차 믿기 힘들 정도다. 그림들이 빛, 색깔, 형태로 바뀌고 때로는 소리까지 더해진다. 칸트에 의하면 그다음에는 "감각의 힘이 더 빠지고 그렇게 잠들고, 이전의 키메라라는 꿈으로 바뀔 것이다". 베일에 싸인 잠드는 순간을 그는 이렇게 묘사했다.

이미지들이 기이해지고, 시야가 몽롱해지며 집중이 흐트러지는 이런 마법 같은 순간은 옛날부터 과학자, 철학자, 예술가 들을 매혹해왔다.

프랑스 의사이자 꿈 연구자인 알프레드 모리[Alfred Maury]는 19세기에 이를 지칭하기 위해 '힙나고그[hypnagog]'라는 용어를 만들었다. 이는 고대 그리스어에서 유래한 단어로 대략 "잠으로 안내한다"라는 뜻으로, 깨어있는 상태에서 수면 상태로 전환되는 과정을 의미한다. 작가 에드거 앨런 포는 이 순간에서 아이디어를 얻고자 했지만, 다음과 같이 고백할 수밖에 없었다. "정교한 미묘함을 지닌 새로운 형태의 환상이 하나 더 있는데, 그것은 생각이 아니다. 아직도 나는 그것을 언어로 표현할 수 없다."

잠에서 깰 때 우리는 이와 반대되는 과정을 거친다. 점차 우리의 집중력이 꿈속의 장면들을 압도하며 의식이 명확해진다. 영국 문학자 프레데릭 마이어스[Frederic Myers]는 이 과정에 대한 용어 또한 필요하다고 여겼고, "힙노폼프"(hypnopomp, 잠에서 깨어나는 과정 중 경험하는 의식 상태를 가리키는 용어로, 꿈과 현실 사이의 과도기적 단계를 의미한다—편집주)라는 다소 거창한 학술용어를 만들어냈다. '폼프[Pompe]'는 '행렬' 또는 '탈출, 추방'을 뜻하는 고대 그리스어에서 유래했다. 다시 말해, 우리는 점진적으로 집중력을 회복하며 수면 상태에서 깨어나는 것이다.

수면 부족과
집중력의 상관관계

"우리는 왜 자는 걸까?"

앙리 피에롱Henri Piéron은 1910년경 파리에서 당시로서는 주목받지 못했던 수면 현상을 연구하고 있었다. 그는 뇌에서 '최면 독'이라 명명한 일종의 수면제가 생성된다는 가설을 세웠다. 각성 상태가 지속될수록 이물질이 축적되며 임계치에 다다르면 잠이 든다는 생각이었다. 잠을 자는 동안 최면 독은 분해되고, 이 과정이 끝나면 우리는 잠에서 깨어난다. 그리고 같은 순환이 다시 시작된다.

이 가설을 검증하기 위해 피에롱은 개 실험을 고안했다. 그는 수면 부족 상태의 개들에게서 추출한 뇌척수액을 충분히 휴식을 취한 개들의 뇌에 주입했다. 예상대로 개들은 즉시 잠에 빠졌다.

이 미스터리한 '수면 유도 물질'의 정체는 아직 완전히 밝혀지지 않았다. 아마도 신경 활동 중 뇌에서 발생하는 아데노신일 것이다. 시간이 지날수록 수면 욕구는 증가하지만, 우리의 신체는 주간에 대체로 각성 상태를 유지한다. 이는 두 번째 단계 때문이다.

생체 시계, 즉 '하루 주기 리듬'이 최적의 수면 시간을 결정한다. 이 생체 시계는 개인마다 조금씩 다르다. 약리학자 알렉산더

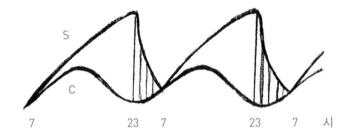

보르벨리^{Alexander Borbély}는 1982년 '수면조절의 2단계 모델'을 통해
이 둘의 상호작용을 설명했다.

　수면 압박(S)이 매우 높고 생체 시계(C)의 각성 신호가 특히 낮
은 어느 순간, 우리는 잠에 빠진다.

　하지만 이 '수면 독'은 훨씬 일찍부터 극적인 결과를 낳으며 집
중력에 영향을 미친다. 이를 명확히 보여주기 위해 심리학자 앤
윌리엄슨^{Ann Williamson}과 앤마리 페이어^{Anne-Marie Feyer}는 두 집단을 비
교했다. 한 집단은 수면을 취하지 못했고, 다른 집단은 술을 마셔
야 했다.

　이후 모든 피험자는 맥워스 시계 검사^{Mackworth Clock Test}라는 지속
적 주의력 측정 과제를 수행했다. 이 테스트에서 빛의 점이 시계
초침처럼 원을 따라 이동하다 때때로 한 칸을 뛰어넘는데, 이때
피험자는 버튼을 눌러야 한다.

　17~19시간을 깨어 있던 사람들은 혈중알코올농도 0.05퍼센트
인 상태와 유사한 수준의 수행 오류를 보였다. 이 정도면 독일을

비롯한 여러 국가에서 운전이 금지된다. 몇 시간을 더 깨어 있던 이들은 혈중알코올농도 0.1의 만취자처럼 서툴렀다. 그리고 잠을 자지 못한 피험자의 15퍼센트는 과제 완수조차 불가능했다.

　모르는 사이 조금씩 누적된 수면 부족 역시 집중력을 방해한다. 나흘 연속 하루 5시간만 잔 사람은 혈중알코올농도 0.06인 사람과 유사한 결과를 보였다.

적정 수면 시간과
집중력

　또한, 과학은 '지나친' 수면이 집중에 해로운지도 조사했다. 한 국제 연구에서 1만여 명이 주의력을 요구하는 온라인테스트를 치렀다. 참가자들은 설문을 통해 자신의 수면 습관을 미리 알렸다. 이를 토대로 이상적인 수면 시간이 도출되었다.

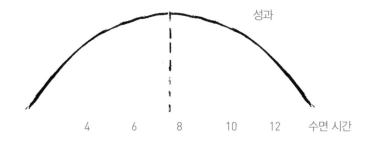

전반적으로 7~8시간 수면을 취한 이들의 성적이 가장 우수했다. 이보다 눈에 띄게 적게 잔 사람들의 집중력은 확실히 떨어졌다. 하지만 현저히 많이 잔 이들 역시 마찬가지였다.

너무 많이 자는 것이 집중력을 떨어뜨리는 건 분명하다. 하지만 독일에선 그럴 일이 거의 없다. 9시간 넘게 자는 사람은 겨우 2퍼센트인 반면, 절반 이상은 6시간 이하로 자기 때문이다.

어떤 이들은 수면 부족을 성공의 비결로 내세운다. 그들이 더 많이 잤다면 훨씬 더 성공했을까? 어쩌면 그들은 특별한 부류일지도 모른다. 실험 결과, 약 3분의 1은 집중력 면에서 수면 부족의 영향을 별로 받지 않았다. 또 다른 3분의 1은 수면 부족에 아주 민감했다. 단 한 시간만 부족해도 힘들어했다. 이런 성향은 유전인 듯하다.

집중력을 높이기 위해서는 충분한 수면이 필수적이다. 수면 부족은 집중력뿐 아니라 판단력, 기억력, 창의력 등 인지 능력 전반에 부정적인 영향을 미친다. 이처럼 '눈을 감는' 일, 즉 숙면이야말로 맑은 정신으로 세상을 바라보고 일에 집중할 수 있게 하는 원동력이 아닐까.

03 | 귀

몰입을 위한
최상의 사운드트랙 만들기

음악을 들으면서 일하면
집중에 방해가 될까?

"귀를 쫑긋 세워봐."

집중해서 들으라고 할 때 우리가 하는 말이다. 자, 귀를 쫑긋 세워보자.

이 악보는 여러 나라에서 다양한 이유로 유명하다. 볼프강 아마데우스 모차르트의 〈피아노 두 대를 위한 소나타 D장조〉의 시작

부분인데, 피아노 두 대를 위한 작곡은 매우 드물어 그 자체로 음악계에서 특이한 작품이다. 이 곡은 연주하기가 대단히 어렵다. 두 사람이 피아노 두 대에 앉아, 서로를 거의 보지 않으면서도 마치 서커스의 곡예사처럼 계속해서 서로에게 주의를 기울여야 하기 때문이다.

이런 작품을 '변주곡'이라고 부른다. 모차르트는 피아노 두 대로 마치 심포니오케스트라를 듣는 것 같은 음악을 만들어냈다. 경쾌한 멜로디의 바이올린, 묵직하게 흐르는 베이스, 풍성한 관악기, 부드러운 플루트 솔로, 조화로운 크레센도를 듣는 듯하다. 이 곡은 풍성한 소리로 한 모티브에서 다음 모티브로 이어지며, 다른 소나타와 달리 반복이 거의 없다.

복잡성과 변화무쌍함. 일부 심리학자는 이러한 음악적 특성이 '모차르트 효과'의 핵심 요인이라고 분석한다. 캘리포니아대학 연구진은 유명한 실험에서 대학생들에게 10분 동안 이 소나타를 들려준 후, 공간 지각력을 측정하는 3차원 도형 배열 과제를 풀게 했다. 그리고 이 실험 결과가 1993년 『네이처』에 발표되었는데, 모차르트를 들은 집단이 이완훈련을 받거나 조용히 앉아 있었던 비교집단보다 더 우수하게 과제를 수행했다.

일부 과학자는 심지어 클래식 음악이 일반적으로 집중력, 사고력, 지능을 촉진한다고 주장했다. 실험실의 쥐 배아에게도 인간 태아의 태교 음악과 동일한 방식으로 음악을 들려주었으며, 미국

조지아주는 모든 신생아에게 모차르트 음반을 선물했고, 플로리다주는 유치원에서 매일 일정 분량의 클래식을 아이들에게 들려주도록 법으로 정하기까지 했다.

모차르트 효과는 다른 종류의 실험을 자극했다. 1999년 『네이처』가 놀라운 결과를 발표했는데, 한 메타연구에서 클래식 음악이 공간 추론 능력 개선에 아주 미미한 영향만 미쳤다는 것이 밝혀졌다. 물론, 더 나은 결과도 있었다. 모차르트 효과를 내는 것이 모차르트 음악만은 아니라는 것이다. 스티븐 킹의 공포 오디오북이 유사한 효과를 냈는데, 두 가지 모두 인간에게 긍정적 감정을 주기 때문이라고 한다. 긍정적 감정은 뇌에서 집중력을 촉진하는 흥분된 작업 상태인 '각성'을 불러일으키는 것으로 보인다. 중요한 것은 듣는 이가 무엇을 듣든 "그것을 좋아해야 한다"는 점이다. 2008년 뇌전도 측정 결과에 따르면, 록 팬들은 록을 들을 때, 클래식 애호가들은 클래식을 들을 때 쉽게 집중할 수 있었다.

모차르트는 자신의 음악을 사랑했다. 1781년, 25세의 나이에 창작의 절정기를 맞이했던 그 시기를 음악으로 가득 채웠다. 그는 이때 〈피아노 두 대를 위한 소나타 D장조〉뿐만 아니라 오페라 〈이도메네오Idomeneo〉와 〈후궁 탈출Die Entführung aus dem Serail〉, 그리고 관악기 세레나데 한 곡을 작곡했다. 이 작품들은 서로 영향을 주고받았고, 세계적으로 유명한 소나타에서 다른 세 곡의 흔적을 들을 수 있다. 그것은 엄청난 집중력을 요하는 작업이었다.

음악은 우리의 뇌를 자극하고 각성 상태를 유도할 수 있지만, 그 효과는 개인마다 다르다. 중요한 것은 자신에게 맞는 환경을 찾아 최적의 집중 상태를 만들어내는 것이다. 음악은 그 과정에서 강력한 도구가 될 수 있으며, 이를 통해 모차르트가 그랬던 것처럼 우리만의 창의력과 생산성의 절정을 경험할 수 있을 것이다.

청력으로 주의력 자원을
계속 뺏기고 있다

조용한 환경에서 인간이 손목시계의 초침 소리를 감지할 수 있는 최대 거리는 얼마일까?

- □ 1미터
- □ 4미터
- □ 6미터
- □ 60미터

우리의 귀는 무의식적으로 소리의 방향을 향해 반응하는데, 그 움직임이 매우 미세해 맨눈으로는 알아차리기 어렵고 청각에도 영향을 미치지 않을 때가 종종 있다. 독일의 한 연구진이 2020년에 처음으로 귀 근육에 감지기를 부착해 이를 입증했다.

인간의 귀는 뛰어난 증폭 시스템을 갖추고 있다. 음파, 즉 공기 (또는 물) 파동이 고막을 진동시키면, 인간의 몸에서 가장 작은 뼈들인 망치뼈, 모루뼈, 등자뼈가 고막 뒤에서 작동한다. 이 뼈들이 지렛대 효과로 진동을 증폭시켜 내이로 전달하는데, 그곳의 액체로 채워진 달팽이관에 파동이 생긴다. 이 파동이 다시 신경 말단의 미세한 솜털을 자극하고, 최종적으로 청각신경이 그 자극을 뇌로 보낸다.

이런 구조 덕분에 우리는 주위가 조용하다면 6미터 거리에서도 손목시계의 초침 소리를 들을 수 있다. 우리가 감지할 수 있는 가장 낮은 소리를 심리학에서는 '절대 임곗값'이라 부른다. 비록 인간이 박쥐, 고양이, 나방(!) 그리고 다른 동물들만큼 잘 듣지는 못하지만, 인간의 절대 임곗값 또한 상당히 낮다. 다행히 귀를 통과하는 혈류 소리는 '절대 임곗값'보다 낮다.

이러한 청각은 한편으로는 생존에 도움이 된다. 화재, 도움을 요청하는 소리, 맹수의 으르렁거림 등이 일찍부터 우리의 주의를 끈다. 하지만 다른 한편으로 귀의 증폭기는 우리의 집중을 끊임없이 방해하기도 한다. 폭탄이 아니라 그저 시계 초침 소리일 뿐이고, 맹수가 아니라 휴대전화 문자 알림음이라 해도 우리의 주의를 끌어당긴다.

생존하면서 '동시에' 한 가지 과제에 집중하기 위해서는 중요한 자극에만 주의를 기울이고 중요하지 않은 자극은 무시해야 한다.

이는 우리의 의도적 주의 집중과 자동적 반응 체계 사이의 섬세한 균형에 좌우된다. 심리학자들은 이를 '의도적 선택'과 '자극에 유도된 포획'이라고 부른다. 우리가 의도적으로 무엇에 집중할지 선택하는 동시에, 중요한 외부 자극에 자동으로 반응할 수 있어야 한다는 것이다.

그러나 청각은 의지로 통제하기 어려운 감각이다. 우리는 눈을 감거나 다른 곳으로 돌릴 수 있지만, 귀는 '절대 임곗값'을 넘는 모든 소리를 예외 없이 등록한다. 눈에는 눈꺼풀이 있지만, 귀에는 귀마개가 없어서 귀를 막으려면 손이나 도구가 필요하다. 귀가 등록한 소리 정보를 우리는 기껏해야 뇌에서 지울 수 있을 뿐이다.

집중을 방해하는 소음 vs. 집중을 돕는 소음

소음이 항상 집중을 방해할까? 이는 쉽게 답할 수 없는 질문이다. 우선, 소음이라고 다 같은 소음이 아니기 때문이다. 전동 드릴, 아이들 목소리, 피아노 연주, 록페스티벌⋯. 또한 같은 소음이라도 누군가에게는 음악이고 누군가에게는 고문이 될 수 있다.

집중력의 양상 역시 과제의 성격에 따라 다양하게 나타난다. 퍼즐을 맞출 때, 아슬아슬한 외나무다리에서 균형을 잡을 때, 전화번호를 외울 때, 보고서를 작성할 때, 우리는 각기 다르게 집중한다. 그러므로 집중을 요구하는 과제와 소음의 조합은 무수히 많다. 지금까지 수많은 조합이 연구되었는데, 예를 들어 드릴 소리를 들으며 수학 문제 풀기, 아이들이 시끄럽게 떠들 때 알파벳 분류하기, 정치연설을 들으며 순서에 맞게 숫자 배열하기, 소음 속에서 비행시뮬레이터 작동하기 등이 과학자들이 지켜보는 가운데 피험자들이 수행해야 했던 과제들 중 일부이다.

연구결과는 상황마다 다르게 나타났다. 소음의 종류, 크기, 길이에 따라, 그리고 과제의 종류에 따라 결과가 달랐다. 소음뿐 아니라 과제에 포함된 언어의 양도 중요했다. 언어적 성격의 소음이 언어 처리가 필요한 과제와 중첩될수록 수행 능력이 현저히 저하되었다. 대화나 노래는 언어적 소음에 속하지만 불규칙한 공사장 소음도 언어와 비슷한 방해 효과를 냈다. 읽기와 쓰기는 물론이고 계산도 언어적 과제에 포함되는데, 우리는 숫자를 단어로 인식하기 때문이다.

반면 활동(빨래 개기) 또는 소음(현악기 연주)이 언어와 거리가 멀수록 집중이 수월했다. 실험에서 빗방울과 파도 소리는 오히려 집중에 도움을 주기도 했다.

연구진은 분리된 이어폰을 사용해 피험자들의 각 귀에 다른 내용을 동시에 들려주었다. 피험자들은 한쪽 귀에 집중해 들리는 단어를 따라 해야 했고, 다른 귀에 들리는 것은 무시해야만 했다. 실험 참가자들은 예상을 뛰어넘는 선택적 청취 능력을 보여주었다. 별다른 어려움 없이 양쪽 귀를 번갈아 가며 집중할 수 있었다. 이런 방식으로 우리는 한쪽 귀로 전화 통화를 하면서 다른 귀로는 같은 공간에 있는 사람과 중간중간 대화를 나눌 수 있는 것이다.

또 다른 실험에서는 두 개의 연설이 양쪽 귀로 동시에 들려왔다. 이런 뒤죽박죽의 단어 속에서 피험자들은 한 가지 연설에 집중해 그 내용을 기억해야 했다. 이 과제에서 피험자들은 훨씬 더 고심해야 했다. 어떤 이는 집중하기 위해 눈을 감기도 했고, 어떤 이는 각 문장을 이해하기 위해 열 번 또는 스무 번씩 반복해 들어야 했다. 즉, 다중 음성 환경에서 특정 정보에 주의를 집중하는 것이 뇌에서 한쪽 귀의 정보를 완전히 삭제하는 것보다 더 어려운 일인 것이다.

연구진은 삭제된 내용이 완전히 사라지지는 않는다는 사실도 확인했다. 피험자들은 무시했던 소리 정보에서 화자의 목소리를 인공 언어로 바꾸거나 진동음을 덧씌우면 금세 알아챘다. 즉, 이는 우리가 의도적으로 무시하는 소리조차 잠재의식 수준에서, 일종의 백그라운드에서 듣고 있는 것이다. 혹시 맹수가 다가오는 소리일 수도 있고, 생존과 직결된 위험 신호나 자신의 이름과 같은 중요한 정보일 수 있으므로 완전히 주의를 놓지 못하는 것이다. 시끄러운 곳에서 다른 대화에 집중하더라도 이런 소리는 귀신같이 들을 수 있는데, 우리는 이를 "칵테일파티 현상"이라 부른다.

인간의 청각 처리 능력은 단순한 생리적 구조의 한계를 넘어선다. 그러나 뇌에 도달한 후에야 비로소 삭제 작업이 이뤄지고, 삭제된 내용을 완전히 없애지 않고 백업해둬야 하므로 여기에도 일정한 자원이 소모된다. 결국 집중에 쓸 자원이 점점 부족해지는 것이다. 정말이지 뭔가를 '듣지 않는다'는 것은 무척 힘든 일이다.

집중하기 위한
소음 관리법

인류는 오래전부터 집중력 향상을 위해 소음을 제어하는 방법을 찾아왔다. 반짝이는 발명 정신이 부분적으로나마 이를 도왔다. 소음 방해를 막는 현대적 발명품에 이르기까지 몇 가지 놀라운 단계가 있었다.

지중해 어딘가, 기원전 12세기경 무렵

그리스 영웅 오디세우스는 트로이 전쟁을 승리로 이끌었다. 그는 열두 척의 함대를 이끌고 고향으로 돌아가는 여정 중에 길을 잃고 이리저리 방황하면서 여러 위험과 모험을 겪는다. 그는 수많은 선원의 목숨을 앗아간 사이렌들의 섬에 다가가고 있었다. 이

마법의 존재 사이렌은 저항할 수 없는 노래로 선원들을 유혹하는 데, 그 소리를 들은 배는 절벽에 부딪히고 사람들은 죽음을 맞이한다.

"우리의 말을 따르십시오!" 선원들이 오디세우스를 만류하며 외친다. 그러나 그는 마녀 키르케의 조언을 따른다. 호메로스가 『오디세이아』에서 설명한 것처럼 선원들을 철저히 준비시킨다.

> 나는 거대한 밀랍 덩어리에서 적당한 크기로 조각을 잘라내어 긴장된 손으로 주물렀다. 세게 누르는 힘과 뜨거운 태양 아래 밀랍은 곧 말랑말랑해졌다. 나는 선원들 주위를 돌며 그들의 귀를 밀랍으로 막았다.

오디세우스는 밀랍으로 선원들의 귀를 막아 불길한 노래로부터 보호했다. 그러나 그 자신은 사이렌의 음성을 듣고 싶었고, 그래서 선원들에게 자신을 배의 돛대에 밧줄로 묶어두고 아무리 '열렬하고 간절하게' 풀어달라 요청하더라도 절대 풀어주지 말라고 명령했다.

베를린–쇄네베르크, 1907년

약사 막시밀리안 네그베르크Maximilian Negwerg는 제약 및 화장품 제조 전문 공장 "막스 네그베르크"를 설립했다. 고대 신화의 지혜에서 영감을 얻은 그는 밀랍으로 귀마개를 만들어보기로 했다. 그는 밀랍이 녹지 않도록 실리콘과 솜을 섞었고, 그렇게 그는 누구나 쉽게 사용할 수 있는 최초의 범용 방음용품인 "오로팍스"를 발명했다.

1차 세계대전 전선, 1914년부터 1918년까지

오로팍스는 군인들의 귀를 대포 발사 소리로부터 보호해주는 전쟁 장비로 사용되었고, 곧 세계적으로 유명해졌다.

미국 워싱턴 D.C., 1934년 3월 8일

독일 키르히슈트라세 출신 발명가 파울 루에크$^{Paul Lueg}$가 미국 특허청에 다음과 같은 설계도를 제출했다.

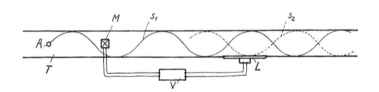

그는 철학자이자 의사이자 물리학자로, 소리의 상쇄 원리를 활용하여 소음을 제거하고자 했다. 이는 소음 음파를 반대 파동의 다른 음파로 덮어버리는 방식인데, 욕조에 떠 있는 고무 오리를 양쪽에서 같은 힘으로 누르면 기압이 서로를 중화하여 고무 오리

가 제자리에 가만히 있는 원리와 같다. 1936년 6월 9일, 파울 루에크는 "소리 진동을 침묵시키는 과정"에 관한 특허권을 받았다. 그의 발명은 우선 이론 수준에서 머물렀다.

대서양 상공, 1978년

미국인 엔지니어 아마르 보스^{Amar Bose}는 유럽행 비행기 안에서 들리는 터빈 소음에 짜증이 났다. 그는 조용히 책을 읽고 음악을 듣고 싶었다. 그 비행기 안에서(!) 그는 최초의 노이즈 캔슬링 헤드폰에 대한 아이디어를 떠올렸다. 마이크가 주변 소음을 등록하고, 헤드폰이 반대 파동으로 소음을 덮어버리는 방식이었다. 독일 기업 젠하이저는 파일럿을 위한 최초의 노이즈 캔슬링 헤드폰을 개발했다.

베르하임/타우누스, 2021년

'오로팍스'는 해마다 밀랍 귀마개를 3천만 개 이상 제작한다. 어떤 이들은 이 소음 차단 제품을 애지중지하고, 마치 중독자처럼 열광적인 손가락으로 밀랍 속 솜을 만지작거리며, 이것을 귀에 꽂지 않으면 잠잘 수도, 일할 수도, 아무것도 할 수 없다고 한다. 반면 어떤 이들은 심해잠수부나 태아가 된 것 같은 고요함과 홀로 있는 기분을 견디기 힘들어한다.

세계 곳곳, 2021년

다양한 기업들이 노이즈캔슬링 헤드폰을 내놓고 있다. 반대 파동의 원리는 귀의 형태와 주변 환경에 따라 작동한다. 헤드폰의 반대 파동은 주로 저음을 상쇄하고, 고음은 귓바퀴를 감싸는 쿠션이 차단한다.

벨기에의 사운드 디자이너 스테판 피촌이 처음에는 재미로 온라인에서 이용할 수 있는 '캄오피스Calm Office'를 개발했다. 캄오피스는 개인 취향에 따라 선택할 수 있는 사무실 소음을 제공하는데, 에어컨, 프린터기, 컴퓨터 키보드, 글씨 쓰는 소리, 중얼거림 등이 있다. 이 프로그램은 엄청난 성공을 거뒀다. 재택근무를 하면서 짧은 시간 내에 집중하기 위해 사무실 소음 환경이 필요했던 수십만 명이 이것을 이용했다. 익숙하지 않은 조용함 역시 집중을 방해할 수 있기 때문이다.

호흡
다루기

"마음속의 거센 폭포를 차분한 강물로 변화시켜보세요. 이 강을 언젠가는 잔잔한 대양으로 만들어야 합니다."

조나단은 우리 도시인들에게 매일 아침저녁으로 히말라야의 맑은 공기 속에서 실용적인 목표를 제시하며 친절하게 안내한다.

"오늘 우리는 3단계에 들어갑니다."

여전히 호흡이 집중의 대상이다. 우리는 뇌를 위해 호흡에 주의를 기울이지만, 보조 수단은 더 미묘해졌다.

"콧구멍 입구의 피부, 그게 느껴지세요?"

섬모라고 불리는 솜털이 있는 코점막이 거기서 시작된다. 코점막은 예민해서 호흡이 그것을 자극한다. 지금까지 그곳의 공기 흐름은 맹추위 때만 감지할 수 있었다. 하지만 이제 집중하면 숨 쉴 때마다 코 입구에서 공기의 흐름을 느낄 수 있다. 들이마실 때는 시원한 공기, 내쉴 때는 따뜻하고 촉촉한 숨결. 콧구멍을 스치고 때로는 윗입술도 스친다.

숫자 세기는 초보자를 위한 방법이다. 나도 이제 이 정도는 할 줄 안다. 내 명상 선생님 조나단의 말로는 "1단계 접근"이다.

다음 2단계에서는 숫자 세기를 그만두고, 호흡의 이미지에 집중했다. 공기가 몸속으로 흘러들어온다. 주전자에 물이 차오르듯 공기가 아래에서 위로 몸을 채운다. 그리고 다시 푸른 파도가 되어 몸 밖으로 흘러나간다.

피부를 스치는 공기의 촉각 자극은 거위털로 간지럽히는 것보다 훨씬 약하다. 이렇게 약한 자극에 계속 집중하기란 어렵다. 나는 몇 번의 추진력이 필요했다. 하지만 어쨌든 이건 새로운 일이고, 내 뇌가 흥미를 보인다. 나는 몇 번의 호흡 동안 집중에 성공했다.

그러나 금세 다시 끝이 났다. 잡념이 돌아오고 시간은 아직 많이 남았다. 우리는 이제 24분에 도달했는데, 조나단의 설명에 따르면 이는 하루 시간의 60분의 1에 불과하다고 한다. 그리고 보통 사람은 24분 동안 자신의 호흡에 집중하지 못한다고 덧붙였다. 중요한 것은 딴생각이 침투한 것을 알아차리고 재빨리 집중으로 돌아오는 것이다. 하지만 오늘은 특히 잡념과 이미지들이 평소보다 더 빈번하게 의식을 침범했다.

"만약 여러분의 생각이 전보다 더 소란스러워 보인다면, 그것은 좋은 징후입니다. 여러분이 그것을 알아차렸다는 뜻이니까요. 진정한 집중력 향상의 시작입니다." 마치 내 생각을 읽기라도 한 듯 조나단이 말했다.

집중과 몰입에 이르기 위해서는 약간의 요령과 보조 수단이 필요하다. 뇌는 무언가에 몰두하기를 좋아하기에, 우리는 뇌에게 집중할 대상을 하나 주었다. 그것이 바로 호흡이었다. 하지만 끊임없이 신선한 자극을 추구하는 뇌에게 단순한 호흡은 매력적인 대상이 되지 못한다. 그래서 처음 며칠은 숫자 세기로 뇌의 흥미를 돋웠다. 들숨과 날숨에 맞춰 조용히 숫자를 세는 것이다. 하나아아아, 두우우울, 세에에엣, 네에에엣.

숫자를 세는 행위는 특별한 인지적 과정이다. 숫자가 머릿속에서 단어(생각!)가 되어 끊임없이 새로운 자극을 만들어낸다. 숫자를 세는 행위가 특별히 흥미진진한 활동은 아니지만, 그래도 잠깐이나마 주의를 끌 수 있다. 정말 잠깐이긴 하다!

"하지만 숫자 세기는 일시적인 보조 수단에 불과합니다." 우리는 그것에서 벗어나야 했다. 이것이 두 번째 단계였다. 그사이 며칠이 더 지났고, 우리는 이제 완전한 초보자는 아니다. (첫 시도에서 나는 2단계까지 갔다. 몇 번 연습 끝에 겨우 다섯이나 여섯까지 가는 데 성공했다)

04 | 코

정신과 감정을
현재에 묶어두는 통로

집중력을 높이는
향기의 힘

고양이 똥. 식초, 소금, 치즈 찌꺼기.

썩은 달걀과 그을린 돼지껍질.

조심스럽게 올린 페퍼민트, 라벤더, 유칼립투스, 재스민.

소설 『향수』의 주인공 장밥티스트 그루누이는 이러한 재료들을 조합하여 인간의 향을 재현했다. 그 자신은 이런 독특한 체취 없이 태어났지만, 자연은 그에게 놀라운 후각을 선사했다. 그루누이는 자신이 혼합한 향수가 타인에게 미치는 영향을 알아차리고 더 높은 목표를 세웠다. "인간적일 뿐 아니라 초인간적인" 궁극의 향수, "말로 표현할 수 없을 만큼 훌륭하고 생명력 넘치는 천사의 향기"를 만들어내고자 했다.

작가 파트리크 쥐스킨트는 후각적 환상을 섬세하게 묘사하는 탁월한 문학적 기량으로 극찬을 받았다. 하지만 이 이야기의 일부는 허구가 아닌 현실을 반영한다. 예를 들어, 냄새가 우리의 행동에 미치는 영향이 그렇다.

냄새는 다양한 방식으로 뇌에 작용한다. 그중 하나가 조건화다. 한 실험에서 피험자들에게 나흘 동안 인슐린을 주입하고 그들의 혈당수치를 낮추면서, 이때 페퍼민트 향을 맡게 했다. 그러자 5일째 되는 날, 페퍼민트 향만으로도 신체가 반응해 혈당수치가 내려갔다. 단순한 향기 자극만으로도 인슐린 투여와 유사한 생리적 반응이 일어난 것이다.

실제로 대학생들이 소량의 페퍼민트 향을 맡은 후 집중력 테스트에서 더 높은 점수를 받았다. 재스민 향은 뇌파의 고주파수 베타파를 증가시켜 집중력을 높였다. 로즈마리와 레몬도 비슷한 자극 효과가 있었다. 반면, 라벤더는 알파파를 높여 오히려 집중을 방해했다. 이런 방식으로 집중력 또한 조건화할 수 있다. 예를 들어, 어떤 이는 집중이 필요할 때 특정 향을 맡는다. 그 향이 집중의 시작과 유지를 돕는 역할을 하는 셈이다.

변화의 상징, 코:
집중과 현재를 바라보는 새로운 관점

코는 평생 계속 자란다는 사실을 아는가?

스위스 유전학자 안드레아스 찬클Andreas Zankl은 코의 크기를 기록하여 유명해졌다. 그는 신생아실, 유치원, 학교, 부대, 사무실, 공장, 양로원을 방문하여 0세에서 97세 사이 사람들의 콧대에 투명한 자를 댔다. 코끝에 직각으로 자를 대고 코의 길이를 쟀다.

코는 0세에서 19세까지 다른 신체 부위와 마찬가지로 빠르게 자란다. 그 이후 코뼈는 성장을 멈추지만, 코는 계속 길어진다. 20세에서 90세 사이에 평균 8밀리미터가 더 자란다. 원인은 코끝의 연골이다. 여골이 확장하면서 결합조직이 약해져 코끝이 이래로 처진다. 엄밀히 말하면 이는 성장이라기보다 중력에 의해 늘어지는 것에 가깝지만, 어쨌든 코는 귀와 함께 평생 자라는 신체 부위이다.

코 내부에서는 더 빠르고 끊임없는 변화가 일어난다. 1894년 폴란드 브로츠와프 출신 의사 리하르트 카이저Richard Kayser가 "코를 통한 공기 흐름의 정확한 측정"을 연구하던 중, 양쪽 콧구멍이 교대로 숨을 쉰다는 사실을 발견했다. 몇 시간마다 한쪽 콧구멍이 좁아지고 점막이 부풀어 오르면, 우리는 다른 쪽 콧구멍으로 더 강하게 숨을 쉰다. 왼쪽, 오른쪽, 왼쪽, 오른쪽. 끊임없이 점막이 부풀었다 가라앉고 공기 흐름이 늘었다 줄어든다.

코는 우리가 집중할 때 소모하는 산소를 우리에게 공급한다. 그래서 우리의 코는 다른 기관과 비교할 수 없을 만큼 변화 그 자체를 상징한다. 코는 '지금 여기에 머물기'가 얼마나 절망적인 시도인지를 경고한다. 눈을 감거나 빈 벽을 응시하거나 해변에 앉아 잔잔한 바다를 바라볼 때, 우리는 시간이 멈춘 듯한 '그 순간'을 느낄 수 있다. 하지만 일상생활에서 많은 사람이 그것을 시도하지만 실패한다. 코가 그 이유를 알려준다. 현재의 순간은 우리가 의식적으로 붙잡으려 하는 순간 이미 과거가 되어버리기 때문이다.

교호 호흡:
5,000년을 이어온 집중력 훈련 호흡법

시인 폴 발레리Paul Valéry는 집중을 잠수의 과정에 빗대어 설명한다. 질식하지 않으려면 정기적으로 잠수를 멈추고 밖으로 나와야 한다. 한 시간에 최소 5분 정도는 집중을 멈추고 밖으로 나와 쉬어야 한다. 의학계에서도 이를 권장한다.

교호 호흡은 5000년 전부터 전해져 내려온 집중력 훈련 호흡법이다. 요가 전통에서는 이를 '아눌로마 빌로마Anuloma Viloma'라 부르는데, 이는 "교대로 한쪽 콧구멍으로만 호흡한다"라는 뜻이다. 이 호흡법은 손가락으로 번갈아 한쪽 콧구멍을 막아 자연적인 코 주기를 모방하고 강화한다. 연구 결과에 따르면, 교호 호흡 시 폐가 더 쉽게 채워지며, 왼쪽 콧구멍을 통한 호흡은 3차원적 사고력을 향상시키고, 오른쪽 콧구멍으로 호흡할 때 일부 피험자들은 언어적 과제에 더 잘 집중할 수 있었다고 한다.

전통적인 '아눌로마 빌로마'는 다음과 같이 진행된다.

1. 오른손을 콧잔등에 살짝 올리고 중지가 이마에 닿게 한다.
2. 오른쪽 콧구멍을 엄지로 살짝 막는다. 왼쪽 콧구멍으로 숨을 들이쉬면서 넷까지 센다.
3. 추가로 왼쪽 콧구멍을 약지로 막고 숨을 참으며 여덟까지 센다.
4. 오른쪽 콧구멍을 열고 천천히 숨을 내쉬면서 여덟까지 센다.
5. 오른쪽 콧구멍으로 숨을 들이쉬면서 넷까지 센다.
6. 양쪽 콧구멍을 모두 막고 숨을 참으며 여덟까지 센다.
7. 왼쪽 콧구멍을 열고 숨을 내쉬면서 여덟까지 센다.
8. 처음부터 다시.

코는 단순한 신체 기관이 아니다. 그것은 우리의 호흡, 감정, 기억 그리고 집중력과 복잡하게 얽혀 있는 놀라운 도구다. 코를 통한 호흡에 주의를 기울이는 것은 단순히 산소를 공급받는 것 이상의 의미를 갖는다. 그것은 우리의 정신을 현재에 묶어두고, 집중력을 향상시키며, 심지어 우리의 감정 상태까지 변화시킬 수 있는 강력한 방법이다.

입맛이
사라지다

우리는 포크와 나이프를 옆에 내려놓고 맨손으로 음식을 가져가 씹었다. 침묵 세미나에서 그렇게 하라고 가르쳤다. 다음에 먹을 것을 너무 일찍 입으로 가져가지 말라는 것이다. 입을 너무 빨리 유혹하지 말라는 뜻이었다.

나는 내 치아가 밥알을 잘게 으깨는 과정을 느꼈다. 콩이 잠시 탄력을 보이다가 결국 터졌다. 혀가 곡류와 섬유질, 껍질을 휘저어 연구개 쪽으로 밀어 올려 걸쭉하게 뭉쳤다.

그러나 식사는 곧 극적인 전환을 맞았다. 입안의 음식이 갑자기 맛을 잃은 것이다. 이 극적인 변화는 놀랍도록 빠르게, 마치 입이 음식물을 소화하기도 전에 일어난 것 같았다. 조나단은 음식을 씹고 침이 분비되면서 음식물이 입안에서 분해되기 시작하기 때문이라고 강조했다. 음식이 맛을 잃으면 우리의 관심도 사라졌다. 입에서 빨리 없애고 싶은, 맛없고 지루한 덩어리만 남게 된다.

나는 보통 아무것도 의식하지 못한 채 그냥 먹곤 했다. 직장에서 점심시간에 서둘러 먹으며 읽고, 쓰고, 말하고, 듣고, 통화하고, 머릿속으로 하루를 앞으로 빨리 감거나 뒤로 되감으면, 음식은 뒷전이 되고 나는 기계적이고 멍한 상태에서 '먹고 있다'는 사실조차 거의 의식하지 못했다. 내가 '무엇을' 먹었는지조차 나중엔 거의 기억나지 않았다.

하지만 이제 먹는 것 외에는 할 일이 없다. 적어도 지금은 그렇다. 말이 금지되고, 휴대전화 진동음에 식탁이 몇 초마다 울리지 않고, 신문이나 책, 텔레비전이 시야에 없으며, 화면에 뉴스 자막 한두 개가 나타나지 않고, 이곳 히말라야 고지대에서처럼 처리해야 할 일이 없어 시계를 보거나 시간을 생각할 일이 없다면, 음식의 맛과 질감에 더 잘 집중할 수 있다.

접시에 담긴 음식의 모습, 형태, 색, 크기. 입 가까이 가져가면 느껴지는 음식의 냄새. 혀 부위에 따라 다른 맛. 완두콩 고유의 맛을 향신료나 소금, 고춧가루 등의 양념 맛과 구별해 보기. 턱이 움직일 때마다 부서지고 갈리는 소리에 귀 기울이기. 입안의 혼합물 온도와 체온의 차이를 느껴 보기.

삼키고, 다음에 씹을 것을 위해 포크를 대기하고, 음식의 맛을 더 오래 느끼고 싶은 마음을 억누르기란 점점 힘들어진다. 그것에 저항하려 시도하는 순간 그 욕구가 얼마나 강력한지 깨닫게 된다. 손은 물론 입안과 눈동자까지도 서두르고 싶어했다. 그래서 우리는 식사 도구를 옆에 내려놓고, 마치 나사로 고정된 것처럼 식탁에 손을 가만히 두었다.

차분히 계속 씹으면서 사라진 맛을 슬퍼하지 않으려 애썼다. 그제야 나는 입안 점막의 점성이 변하는 것을 느꼈다. 한동안 죽 같았던 음식물이 어떤 때는 더 되직해지고, 어떤 때는 더 묽어지다가, 언젠가 다시 덩어리가 되어 삼켜졌다.

입은 집중력 훈련에 가장 좋은 도구다. 침실 앞에서 누군가 종을 치고 우리가 자리에서 일어나 수건을 목에 두르고 마당을 지나 샤워장으로 갈 때, 아침 6시부터 벌써 집중력 훈련이 시작된다. 샤워장 수도꼭지에서는 얼음이 녹은 듯 차가운 물이 쏟아진다. 나는 입안의 감각에 집중하고 물을 삼키지 않으려 안간힘을 쓰며 입술을 꼭 다물었다.

05 | 입

맛있게
몰입하기

괴테의 몰입 비결:
익숙한 일을 새로운 방식으로

1786년 9월부터 1788년 5월까지 요한 볼프강 폰 괴테는 이탈리아 전역을 순례하듯 여행했다. 이때 쓴 일기가 바로 유명한 『이탈리아 여행기』이다. 그는 주로 혼자 우편물 마차를 타고 수많은 곳을 방문했다. 체코의 카를로비바리에서 시작해 오스트리아와 이탈리아 국경인 브렌네르 고개를 넘어 이탈리아 가르다 호수까지, 그리고 이어서 베로나, 베네치아, 볼로냐, 로마, 나폴리, 피렌체 등을 거쳤다. 그는 베수비오 화산을 탐험하고, 폼페이를 방문하며, 배를 타고 시칠리아로 갔다. 일기장에 그린 그림들의 모티브도 지질학, 식물학, 지리, 건축, 연극, 미술 등 매우 다양했다. 중간중간 집필 작업도 계속했는데 그중에는 『파우스트』도 있었다. 그는 심지어 화가가 될까 고민하기도 했다.

괴테의 집중력 비결은 끊임없는 변화 추구에 있었다. 그는 항상 새로운 것을 시도했다. 18세기 초 고트프리트 빌헬름 라이프니츠는 이미 "어떤 대상이 새로움의 매력을 잃는 즉시, 우리의 집중력을 유지할 힘도 잃는다"라고 추측했다. 그는 인간 지성에 관한 자신의 논문 「신인간지성론Neue Abhandlungen über den menschlichen Verstand」에서 주의력은 "오로지 더 매력적인 대상에만 이끌리는 교활한 습성을 가졌다"라고 적었다. 라이프니츠 역시 계속해서 '더 매력적인 새로운 대상'을 쉽게 발견했기에 철학자, 수학자, 법학자, 역사가 등 다양한 직업을 가질 수 있었다.

200년 후 심리학에서 그가 추측한 바를 연구하기 시작했다. 한 흥미로운 실험이 그 근거를 밝혀냈는데, 예를 들어 태아에게 경적 같은 다양한 자극을 주면서 태아가 자궁에서 어떻게 움찔거리고 발로 차는지 측정한 것이다. 태아들은 최초 자극에는 강하게 반응했으나 두 번째부터는 벌써 반응이 약해졌고 반복될수록 점점 더 약해졌다. 심리학에서는 이를 '습관화'라고 부른다. 습관의 영향력은 태아기부터 시작되어 평생을 지배한다. 습관화로 인해 도전적이던 직업도 일상이 되어버리고, 두근거리게 했던 배우자도 오랜 결혼생활 속에서 무덤덤해진다. 그리고 한 활동에 계속 집중하기가 점점 더 어려워지는데, 이는 더 매력적인 새로운 일이 매혹하는 동안 기존 활동에 대한 흥미가 점점 떨어지기 때문이다.

괴테는 이탈리아 여행 중 일상의 관성을 타파하는 방법을 하나 찾아냈다. 『이탈리아 여행기』에서 그는 여행 안내자이자 추밀원인 라이펜슈타인이 이탈리아 미술계에 활기를 불어넣은 방법을 설명한다. 고대의 밀랍 채색 기법을 현대에 되살려낸 것이다. 괴테는 이 유행을 냉정하게 분석했다. "예술계는 작가들의 창작 의욕을 계속 자극하는 것이 핵심이므로 익숙한 작업을 새로운 방식으로 수행하는 일은 언제나 새로운 관심을 불러일으킨다."

익숙한 일을 새로운 방식으로 하는 것, 이 간단한 전략은 효과가 좋다. 2008년의 한 실험이 이를 증명했다. 실험에서는 참가자들에게 사탕을 먹게 했다. 첫 번째 집단에게는 사탕의 총량만 알려주었고 다른 집단은 체리, 키위, 오렌지 등 종류별 개수를 전달받았다. 그 결과, 종류별로 정보를 제공받은 참가자들이 그냥 사탕만 먹었던 사람들보다 사탕을 먹은 경험을 더 흥미롭게 느꼈다.

우리도 습관에 영향을 미칠 수 있다. 단, 확실히 뭔가 '새로워야' 한다. 사탕 실험처럼, 하나의 활동을 여러 단계로 세분화하여 인식하는 것이 핵심이다. 괴테가 250년 전에 이탈리아 미술계에서 본 전술은 오늘날의 일상에서도 유용하다. 활동을 세분화해 집중력을 유지하는 것이다. 예를 들어 '세금 신고'라면 영수증 정리, 계산, 수치 입력, 신고서 제출 등으로 머릿속에서 세분화하면 집중력을 더 쉽게 유지할 수 있다. '집 청소'라면 먼지 털기, 청소기 돌리기, 바닥 닦기 등 다양한 과정으로 나누면, 집중력이 더 오래 지속된다.

괴테가 표현했듯이, 이 모든 것은 "옛날 방식으로 하면 재미없는 일을 새로운 방식으로 시도해볼 계기"를 제공한다.

설탕으로
집중력 높이기

다음의 진술 중 사실인 것은?

☐ 설탕은 집중력을 높이는 데 도움이 된다.

☐ 설탕은 집중력을 파괴한다.

☐ 둘 다 맞다.

☐ 둘 다 틀리다.

글루코스는 뇌가 가장 선호하는 에너지원이다. 급격한 혈당 저하는 집중력을 현저히 감소시킨다. 배가 고프면 산만해진다. 그런데 허기가 채워지면 어떻게 될까?

어떤 사람은 집중력을 높이려고 중간중간 초콜릿을 먹는다. 어떤 사람은 급격히 기운을 빨아들이는 악명 높은 구멍(설탕을 섭취한 후 인슐린 작용으로 혈당이 급격히 떨어지면서 에너지가 급속도로 고갈되는 현상을 비유적으로 표현한 것—편집주)이 두려워 설탕을 피한다. 일반적인 중재적 견해는 이렇다. 설탕은 초기에 강한 만족감을 제공한다. 집중력을 촉진하는 황홀감, 행복호르몬 도파민이 만들어

내는 기분이다. 그다음 인슐린이 혈당을 기준선 아래로 아주 **빠르**게 떨어뜨려 급격히 기운이 **빠져나간다**. 이런 설명은 나름 타당해 보이고, 초콜릿 앞에서 체면을 유지하게 하는 것 같다.

그러나 2019년에 냉정한 사실이 밝혀졌다. 메타연구가 전 세계의 결과들을 분석한 메타연구 결과, 설탕이 집중력이나 기분을 향상시킨다는 증거는 발견되지 않았다. 대신 30세 이후 설탕 소비가 최대 60분까지 주의력을 떨어뜨리고 피곤하게 한다는 증거, 즉 정말로 집중력을 떨어뜨린다는 증거를 발견했다.

그리고 과학은 또 다른 가능성을 조사했다. 달콤한 것이 그렇게 많은 사람에게 기쁨을 주지만, 체내에서 설탕이 집중력에 긍정적 영향을 미치지 않는다면, 어쩌면 기쁨을 유발하는 건 설탕이 아니라 달콤한 맛 자체가 아닐까? 그래서 피험자들에게 설탕이 든 음료를 마시지 말고 입만 헹구고 뱉게 했다. 그다음 그들은 '스트루프 검사'(Stroop test, 글자의 색과 의미가 불일치할 때 나타나는 인지적 간섭 현상을 이용해 주의력과 인지 통제력을 측정하는 심리학 실험—편집주) 과제를 풀어야 했다. 모니터에 나온 단어의 글자색을 맞춰야 하는데, 예를 들어 '초록색'이라는 글자가 빨간색으로 등장하는 '부적절한 조합'을 보고 글자색을 맞히려면 특별한 집중력이 필요하다. 설탕 음료로 입을 헹군 피험자들이 구강세정제로 입을 헹군 비교집단보다 더 빨리 반응했다.

과학자들은 설탕의 단맛이 뇌의 보상 중추를 자극해 그것만으로도 벌써 집중력이 촉진된다고 추측했다. 물론 집중력은 끈기의 문제이기도 하다. 설탕이 혈류에 도달하지 않아 기운을 빨아들이는 두려운 구멍도 없다. 그러니 '가글 효과'는 부정적 효과 없이 긍정적 효과만 이용하는 셈이다. 다만 양치질은 여전히 반드시 해야 한다.

껌 씹기의 재발견:
집중력 높이는 의외의 방법

음식처럼 껌도 금세 그 맛을 잃는다. 그럼에도 어떤 사람은 몇 시간씩 계속 씹는다. 씹는 행위 자체가 목적이 된다.

껌 씹기가 집중력에 어떤 영향을 미치는지 알아내기 위해, 연구자들은 대학생 40명에게 헤드폰을 씌웠다. 컴퓨터 음성이 무작위로 숫자를 불렀고, 대학생들은 예를 들어 7-2-1처럼 홀수-짝수-홀수 순서를 알아차리는 즉시 단추를 눌러야 했다. 집중력을 요구하는 테스트였다. 귀 기울여 듣기, 숫자 세 개를 작업기억에 잡아두기, 짝수/홀수로 분류하기, 세 개씩 묶어 비교하기, 목표 패턴에 반응하기. 이것을 30분 동안 해야 했고, 2초 이내의 바른 반응만 정답으로 인정되었다.

피험자 절반은 (무설탕) 껌을 씹는 추가 과제를 받았다. 시간이 갈수록 두 집단 모두 성과가 떨어졌는데, 복잡한 과제인 만큼 놀라운 일은 아니었다. 그러나 껌을 씹은 사람들이 비교집단보다 덜 나태해졌다. 씹기와 경청을 조합하려면 뇌가 분명 잠시 시간이 필요했을 테고 그래서 처음에는 실수도 했겠지만, 시간이 지날수록 턱 운동이 집중력에 도움이 되었다. 연구팀은 껌 씹기가 신경계를 자극하고 혈류량을 증가시켜 뇌의 산소 공급을 개선한다고 보았다.

게다가 확실히 기분도 좋아졌다. 껌을 씹은 사람들은 테스트 후에 다른 피험자들보다 더 정신이 맑고 만족스러워했다.

06 │ 목

몰입과
멍때리기 사이에서

미국에서는 사회학자 글로리아 마크가 사무직 노동자의 일상을 관찰한 결과, 다음과 같은 시간 간격이 발견되었다.

11분 4초: 한 과제에 집중할 수 있는 평균 시간

23분 15초: 한눈을 팔았다가 다시 원래 활동으로 돌아오는 데 걸리는 시간(잃어버린 요지를 되찾는 데 몇 분이 더 걸린다)

마크에 따르면, 집중은 3~4분 단위로만 가능하다. 마크는 이를 '파편화된 작업'이라 부른다. 때로는 방해가 좋은 아이디어로 이어질 수도 있지만, 잦은 주의 분산은 업무 오류, 심리적 부담, 성과 저하로 이어진다. 이러한 문제를 해결하기 위해 "인간 오류 관리"라는 연구 분야가 발전했다. 이는 직장인이 얼마나 자주 방해를 받고, 그에 어떻게 반응하며, 어떤 결과가 발생하는지 분석하는 것이다.

독일에서 "방해와 중단"을 자주 경험했다고 응답한 비율은 2006년 46퍼센트, 2012년 43퍼센트, 2018년 45퍼센트 정도로 최근 몇 년간 꾸준히 높은 수준을 유지하고 있다. 커뮤니케이션 플랫폼이 지속적으로 증가하고, 업무 조건 개선을 위한 노력에도 불구하고 변화는 없다.

업무 집중을 방해하는 주된 요인은 과다한 의사소통 요구이다. 오늘날 사무실 환경은 서열이 사라지고, 팀 프로젝트와 역동적인 네트워크가 중요시된다. 예전에는 전화기나 사무실 출입문을 통해 즉흥적인 연락이 오갔지만, 이제는 모니터, 단체 채팅방, 메신저 등으로 질문, 답변, 피드백이 실시간으로 쏟아진다. 이는 개인이 끊임없이 사람들과 연결되어 있어야 함을 의미한다.

물리적 근무 환경 또한 주의력 분산의 원인이 된다. 소음, 소란, 온도, 무질서, 공간 부족, '핫 데스킹'(Hot Desking, 고정된 자리가 아닌, 빈 책상을 자유롭게 사용하도록 한 지침—편집주) 정책 등이 대표적이다.

"인간 오류 관리"는 방해를 줄이기 위한 다양한 방법을 제안한다. 예를 들어, 호텔처럼 "방해하지 마세요"라는 안내판을 사용하거나, 디지털 도구에서 상태를 '바쁨'으로 설정하는 것도 도움이 된다. 메일 알림을 꺼두고, 특정 시간에만 확인하는 것도 효과적이다. 답변을 간결하게 주고받는 것도 중단 시간을 줄이는 데 도움이 된다.

오늘날에는 급한 소식과 급하지 않은 소식을 구별하는 것이 특히 어려워졌다. 휴대전화의 본래 목적이었던 통화는 점점 사용되지 않고, 많은 사람이 문자를 선호하면서, 우리는 계속해서 고개를 돌려 불빛이 깜빡이거나 진동하는지, 또는 즉각적인 반응을 요구하는 메시지가 도착했는지를 확인해야 한다. 정말로 급한 일이면 문자가 아닌 전화를 해야 한다는 오랜 규칙이 다시 적용된다면, 집중하기가 훨씬 쉬워질 것이다.

유연한 목, 유연한 사고:
혁신을 위한 집중과 산만

목의 움직임은 집중과 산만 사이의 역학관계를 가장 명확하게 보여주는 신체 지표다. 집중할 때 목은 차분해지지만, 목이 움직이면 산만함을 뜻한다. 고개를 돌리는 순간 한눈을 팔게 된다. 심지어 생각만 산만해져도 목이 그것을 드러낸다. 연구에 따르면, 붉은털원숭이의 주의가 분산될 때 목덜미 근육에서 미세한 수축이 발생했다.

이런 끊임없는 집중과 산만의 상호작용 덕분에 우리는 세상을 잘 살아갈 수 있다. 하지만 둘의 적정한 균형을 어떻게 찾아야 할까? 수천 년 전부터 철학자들은 이 질문에 대해 깊이 생각해왔다.

고대 그리스의 플라톤은 목이 최대한 차분해야 진리로 가는 길이 열린다고 생각했다. 그는 한 사물에 몰두할 때 진리를 찾을 수 있다고 믿었다. 아우구스티누스는 이를 바탕으로 그리스도교의 묵상을 발전시켰다. 그 역시 온전히 몰입할 때 최고의 깨달음에 도달한다고 믿었다. 그에게는 그것이 신을 보는 방법이었다. "그것이 나를 즐겁게 한다. 그리고 할 수 있는 한 많은 시간을 이 일에 할애한다."

데카르트는 다르게 생각했다. 그는 철학자이자 수학자, 자연과학자였다. "에트르 아탕티프"(Être attentif), 즉 "주의 기울이기"는 데카르트에게 사고 과정을 추적하고 혼란을 피하기 위한 전제조건이었다. 하지만 그는 집중만으로는 부족하다고 주장했다. 목이 유연하고, 때로는 산만해질 때, 우리는 예상치 못한 놀라움이나 감탄을 받아들일 준비가 된다. 이러한 유연성이 있을 때만이 진정한 통찰에 도달할 수 있다.

데카르트 이후 약 400년이 지난 오늘날, 어떤 이들은 한눈팔기에도 가치를 둔다. 그들은 집중에서 벗어나 한눈을 파는 것이 새로운 아이디어로 이어질 수 있다고 본다. 혁신 이론가 클레이튼 크리스텐슨은 이러한 현상을 '창조적 파괴Disruption'라는 개념으로 정립했다. 파괴는 일상에서 벗어나 새로운 것에 집중하게 만든다. 그것은 기존의 틀을 깨는 것이다.

'코닥'이 좋은 예이다. 1894년부터 이 기업은 필름, 특히 컬러필름에 집중하며 세계적으로 선도자 역할을 했다. '코닥'은 일찍이 디지털카메라를 개발했지만, 디지털 기술의 중요성을 제대로 인식하지 못했다. 결국 필름 산업의 선두에서 밀려났다. 만약 이 기업이 "목이 더 유연했더라면" 새로운 변화에 더 잘 적응할 수 있었을 것이다. 그러나 또 한편으로, 컬러필름에 덜 집중했더라면, 그렇게 우수한 제품을 생산하지 못했을 수도 있다. 크리스텐슨은 이 문제를 『혁신기업의 딜레마 *The Innovator's Dilemma*』에서 자세히 다루고 있다.

이는 오늘날에도 여전히 유효하다. 집중과 산만의 균형을 어떻게 맞출지는 언제나 새로운 도전이다.

무언가를 판매하려면
선택의 폭을 좁혀라

마트에 두 개의 잼 시식 테이블을 설치했다. 하나는 24종의 잼을, 다른 하나는 6종만을 제공했다. 많은 선택지가 있는 테이블이 사람들의 관심을 더 끌었으나, 정작 구매는 선택지가 적은 테이블에서 열 배나 더 많이 이루어졌다.

이 실험은 "과잉 선택권 현상"을 보여준다. 처음엔 선택지가 많아 주의를 끌지만, 선택의 폭이 너무 넓어지면 오히려 혼란을 초래하고, 집중이 어려워져 불안감을 느낀다. 결과적으로 사람들은 결정을 내리기 어려워하거나, 결정을 내렸음에도 만족하지 못한다.

선택지가 과도하게 많을수록 실제 수행 능력은 오히려 저하된다. 이 사실을 입증한 실험이 있다. 이 실험에서는 대학생들에게 자유 주제로 에세이를 써서 성적을 올릴 기회를 주었다. 한 집단은 여섯 개 주제에서 선택할 수 있었으며, 다른 집단은 30개 주제에서 고를 수 있었다. 선택지가 적었던 학생들이 에세이를 더 자주 쓰고, 더 잘 썼다는 결과를 보였다.

선택의 폭이 한눈에 들어오면 우리는 "목을 크게 돌릴 필요 없이" 쉽게 파악할 수 있다. 이 경우 더 편안하게 느끼고, 결정을 내리기도 쉬우며, 결정에 대한 만족감도 높아진다. "내가 다르게 결정했더라면 어땠을까?"라는 불안한 질문에 산만해지지 않는다.

선택 과잉으로 인한 의사결정 장애는 이미 반세기 전부터 존재했다. 여행 예약, 에너지 공급 회사 결정, 텔레비전 구매, 직장이나 파트너 찾기 등 다양한 상황에서 나타났다. 지금은 선택의 폭이 너무 넓어 우리의 집중력이 한계에 이르렀다.

따라서 무언가를 판매하고자 한다면 선택의 폭을 확 좁히는 것이 좋다. 집중력을 유지할 수 있는 수준으로 선택지를 적당히 제한하면, 소비자는 더 편안하게 느낀다. 예를 들어, 사람들은 신뢰할 만한 추천을 받거나 한눈에 조망할 수 있는 제품 진열이 있는 상점에 들어가기를 원한다. 아니면 '모든 것'을 살펴보지 않고 마음 가는 대로 결정을 내리기도 한다.

그리고 결정의 차이는 생각보다 그리 크지 않다.

그냥 옆에 있는 것만으로도
몰입을 방해하는 스마트폰

최근 심리학 연구에 따르면, 스마트폰은 그냥 옆에 있는 것만으로도 집중을 방해한다.

한 실험에서 참가자들을 세 그룹으로 나누어 실험을 진행했다. 첫 번째 그룹은 스마트폰을 책상에 두었고, 두 번째 그룹은 서랍이나 가방에 넣었으며, 세 번째 그룹은 옆방에 두었다. 결과는 옆방에 스마트폰을 둔 그룹이 가장 높은 점수를 받았고, 책상에 둔 그룹이 가장 낮은 점수를 받았다.

비록 아무도 스마트폰을 사용하지 않았고, 피험자들이 스마트폰을 생각조차 하지 않았다고 맹세했음에도, 단지 옆 책상에 있다는 이유로 스마트폰은 그들의 집중을 방해했다. 화면이 보이든, 보이지 않게 엎어놓든, 차이는 없었다. 꺼두거나 무음으로 설정해둔 것 역시 스마트폰의 영향력을 막지 못했다.

연구진은, 스마트폰이 그냥 옆에 있는 것만으로도 정신적 자원이 소모된다는 결론을 내렸다. 뇌는 분명 그 기기를 사용하고 싶은 유혹, 어떤 소식이 '도착했을지 모른다'는 끊임없는 생각에 저항해야 했으리라. 이런 억누름이 주의력을 떨어뜨리고 과제에 집중하기 힘들게 했을 터이다. 연구팀은 이러한 현상을 인지적 자원의 누수를 의미하는 '두뇌 유출$^{Brain drain}$' 현상으로 정의했다.

뇌는 스마트폰을 사용하고 싶은 유혹이나 소식이 도착했을지 모른다는 생각에 '저항'해야 한다. 이 과정이 집중력을 떨어뜨리는 것이다. 스마트폰 의존도가 높을수록 이런 효과는 더 커진다.

오늘날 많은 사람은 일할 때, 공부할 때, 쉬는 시간에도 스마트폰을 곁에 두고 있다. 이는 불필요하게 집중력을 소모하는 행동이다. 중요한 다른 사물도 비슷한 효과를 낼 수 있다. 정말로 집중하고자 한다면, 주변을 정리하고 방해 요소를 최소화하는 것이 좋다.

분노와
집중력

"분노만큼 집중을 방해하는 것은 없어요." 조나단이 부드럽게 말했다.

나도 잘 알고 있다. 분노 때문에 집중하지 못했던 날들이 떠오른다. 그럴 때마다 일하기, 먹기, 자기, 책 읽기를 시도했지만, 분노의 소용돌이가 모든 것을 덮쳐버렸다.

침묵 세미나 동안 화를 낼 만한 일이 전혀 없었다는 사실을 문득 깨달았다. 그 이유는 우리가 말을 하지 않기 때문일 것이다. 아무도 말실수를 할 수 없는 환경이다. 그리고 이곳 히말라야에는 우리가 사전에 동의한 명확한 규칙이 있다. 놀랍게도 모두가 그것을 지켰다. 수업이나 식사 시간에 지각하는 사람이 없고, 3인실에서 지내는 룸메이트 모두 코를 골지 않는다. 모기가 살기에는 공기가 너무 희박하다. 모두가 바르게 행동하고, 모두가 원하는 것을 얻는다. 화를 낼 이유가 없다.

조나단은 분노가 필요할 때도 있다고 말한다. 분노는 통찰력을 지원하고, 발달과 혁명의 시작 버튼을 누를 수 있다. 이는 마땅하고 옳은 말이다. 분노에 대해 이야기할 때 반드시 언급해야 할 점이다. 물론 분노를 억압하는 것은 건강에 해롭지만, 격한 폭발 역시 건강에 좋지 않다. 이때 몸은 맹수의 공격을 받을 때처럼 스트레스를 경험한다.

"분노하기는 쉽습니다." 조나단이 조용히 말했다.

"하지만 올바른 때에, 올바른 방식으로, 올바른 사람에게 분노하기는 어렵습니다." 분노를 좀 더 깊이 들여다볼 필요가 있다. 조나단이 표현했듯, 지혜의 눈으로 분노를 살펴보아야 한다.

"분노를 한 마디로 하면 무엇일까요?"

모두가 말을 잃었다. 쉽게 답할 수 없는 질문이었다. 분노의 원인은 매우 다양하다.

한참 뒤에 조나단이 조심스럽게 물었다.

"원하는 걸 얻지 못했을 때 드는 감정 아닐까요?"

우리가 곧 돌아갈 세상은 애석하게도 여기와 다르다. 우리가 원하는 대로 세상이 작동하지 않는다는 현실에 대해 두 가지로 반응할 수 있다고 조나단이 말했다.

"폭신폭신한 길을 걷기 위해 전 세계를 가죽으로 덮는 게 좋을까요, 아니면 당신이 폭신한 샌들을 신으면 될까요?"

수십억에 달하는 다른 사람의 행동을 통제하는 것보다 내 마음을 다스리는 게 더 쉽다. 내가 원하는 것을 다른 사람이 하지 않는 것에 기분이 상한 상태가 분노라는 것을 인식하면, 마음이 한결 편해진다. 또한, 분노가 삶의 일부이며 다른 사람들도 자유로운 존재라는 사실을 이해하는 것도 완충재 역할을 한다. 다른 사람도 그들 스스로 결정을 내리고 나와 같은 권리를 갖고 있다.

"누군가가 당신을 화나게 하려고 합니까?" 조나단이 물었다. "그렇다면 그가 하고 싶은 대로 하게 두세요." 누군가가 당신을 화나게 하지 않는다면, 화를 낼 이유가 없다.

"화를 내는 것은 이글거리는 숯덩이를 손에 쥐고 있는 것과 같습니다." 부처가 한 말이라고 한다. "숯덩이를 내려놓을 수 있을까요?" 그 뒤의 이야기는 점점 난해해졌다. 이제는 화 때문에 집중력을 잃지 않겠다고 다짐했다.

제2부

상체의 지혜

몸의 중심을 활용한 집중력 강화

07 | 어깨

혼자일 때와 함께일 때
달라지는 집중의 힘

어깨 너머의 시선:
집중력에 미치는 영향

누군가 어깨너머로 우리를 지켜본다면, 우리는 더 잘 집중할 수 있을까?

이 질문은 일상적으로도 흥미롭지만, 과학자들은 이 질문을 바퀴벌레를 대상으로 한 실험으로 풀어냈다. 1960년대 연구진은 바퀴벌레에게 빛을 비춰 자극을 준 뒤, 얼마나 빨리 도망가는지를 스톱워치로 측정했다. 바퀴벌레는 빛을 싫어하는데, 연구진은 이들이 도망가는 속도에 주목했다. 처음 실험에서, 바퀴벌레는 혼자 있을 때보다 동료들 앞에서 더 빨리 달렸다.

하지만 실험이 더 복잡해지면서 흥미로운 결과가 나타났다. 이번에는 단순히 도망치는 것이 아니라 미로를 통과해야 하는 과제를 주었을 때, 바퀴벌레들은 관중들이 있을 때 오히려 더 느리게 움직였다. 연구진은 이렇게 결론 내렸다. 이는 익숙한 작업은 더잘하지만, 복잡한 과제에서는 타인의 존재가 오히려 방해 요인이 된다는 점을 보여준다.

이후, 인간을 대상으로도 비슷한 실험이 진행되었다. 스탠퍼드 대학의 헤이즐 마커스 교수는 피험자들에게 실험실 복장으로 갈아입게 하여, 이들이 옷을 갈아입는 속도를 측정했다. 피험자들은 혼자 있을 때보다 다른 사람이 지켜볼 때, 익숙한 신발은 더 빨리 신었지만, 낯선 실험복을 입고 벗는 데는 더 오래 걸렸다.

누군가 지켜보거나 적어도 같은 공간에 있으면, 자신의 신발을 벗고 신는 것을 더 빨리했다. 반대로 익숙하지 않은 실험실 옷을 입고 벗는 데는 지켜보는 사람이 있을 때 더 오래 걸렸다. 이 효과는 심지어 "관찰될지 모른다"는 말만 들었을 때도 나타났다.

헤이즐 마커스는 이 발견을 이렇게 설명했다. 어떤 생명체든 구경꾼의 존재가 '감정'을 자극한다는 것이다. 익숙한 작업의 경우 이러한 자극이 수행 능력을 향상시킨다. 심리학에서는 이를 '사회적 촉진'이라고 부른다. 반면 더 큰 집중력을 요구하는 활동에서는 구경꾼이 주는 자극이 오히려 방해가 된다. 이는 '사회적 억제' 효과를 낸다.

그러므로 일상적인 업무에서는 타인의 존재가 긍정적 자극이 될 수 있다. 개방형 사무실의 분주함, 가족과 친구들, 그리고 카페에서 다른 사람들이 어깨너머로 우리를 볼 수 있게 하면 된다. 그러나 낯선 과제일수록, 집중력을 더 많이 요구할수록 혼자 하는 것이 더 낫다.

어깨에 짊어진 무거운 짐:
고의와 과실의 차이

어깨를 짓누르는 부담감은 때로는 비유적으로, 때로는 실제적으로 다가온다. 우리는 어떤 것을 '가볍게 떠맡을 수' 있고, 무거운 짐을 '어깨에 짊어지거나' 혹은 '내려놓을 수' 있다. 이와 같은 맥락에서 독일 형법에는 고의와 과실에 해당하는 다양한 유형의 죄가 명시되어 있다. 고의와 과실을 구분 짓는 핵심 요소는 집중의 여부다. 고의의 경우, 해를 끼치는 데 집중하거나 의도하거나 동의한 반면, 과실의 경우에는 집중하지 않아 해악이 발생한 것으로 본다.

독일 형법 제15조는 "법률에 특별한 규정이 없는 한, 고의로 행한 행위만이 처벌된다"라고 규정한다. 예를 들어, 거주자를 살해할 의도로 집에 불을 지른 사람은 살인죄로 '종신형'을 받을 수 있다. 반면, 부주의로 촛불이나 담뱃불을 제대로 끄지 않아 치명적인 화재를 냈다면, 운이 좋으면 벌금형으로 그칠 수 있다. 운전자가 의도적으로 사고를 냈는지, 아니면 라디오 채널을 바꾸거나 집 냉장고에 무엇이 있는지 생각하느라 아주 잠깐 운전에 집중하지 않아 사고를 냈는지에 따라서도 비슷한 차이가 생긴다. 법은 의도성이 있는 행위를 더 중대한 범죄로 간주하며, 부주의를 이유로 가혹하게 처벌하는 것은 균형이 맞지 않는다고 본다.

신학에서도 고의적인 죄와 과실 죄를 구별한다. 과실 죄에는 무지의 죄, 나약함의 죄, 경솔함의 죄 등의 하위 범주가 있다. 이 역시 고의적인 악행이 더 중하게 다루어지며, 그 외의 모든 것은 단순한 실수로 간주된다.

그러나 일부 사람들은 과실이야말로 질타받아 마땅하다고 주장하기도 한다. 사실, 집중하지 않은 사람의 '어깨에서 짐을 덜어주는 것'이 언제나 정당한지 의문을 제기할 수도 있다. 예를 들어, 가족이 누군가에게 살해당한 것이 아니라 부주의로 인해 죽었다는 사실을 안다고 해서, 유족의 기분이 나아질까? 더 나아가, 몇몇 악의에 찬 자들과 수많은 부주의한 무리 중 누가 세상에 더 큰 해악을 끼칠까? 이러한 문제는 생명과 관련된 사건에만 해당하지 않는다. 직장, 경제활동, 사회적 상호작용, 관계의 갈등 등에서 "그럴 의도는 없었어"라는 변명이 언제나 상황을 개선하는 것은 아니다.

어깨에 깃든 본능:
잠복 자세와 집중의 진화

잠복은 집중의 강렬한 형태이다. 잠복하는 자는 눈앞에 있는 사태에 집중한다. 인간은 다른 모든 동물과 마찬가지로 생존 경쟁에서 이기기 위해 집중하는 법을 배웠다.

철학자이자 심리학자인 카를 그로스는 '잠복'을 집중의 기원으로 보았다.

> 먹이나 적으로 여겨지는 어떤 대상이 포착되면, 동물은 첫째, 그 대상을 가장 신속하고 완벽하게 인지할 수 있도록 감각을 예민하게 곤두세우고, 둘째, 다가오는 자극에 번개같이 반응할 수 있게 특정 근육을 긴장시키며, 셋째, 자신의 존재를 드러낼 수 있는 모든 소리와 움직임을 억제한다.

이제 우리는 사냥과 채집을 위해 주변을 살피지 않지만, 여전히 우리의 집중은 모든 동작을 멈추고 소리를 죽이는 것에서 비롯된다.

그로스는 이를 현대인의 집중력이 태곳적 잠복 본능에서 유래했다는 증거로 보았다. 육체적 긴장이 정신적 집중으로 발전한 것이다. 현대에는 포식자로부터 숨기 위해 집중할 필요가 없지만, 우리의 집중 메커니즘은 여전히 뇌 속에 남아있다. 오늘날 우리는 이 메커니즘을 이용해 정보를 찾고, 지식을 얻으며, 창작 활동에 몰두한다. 이러한 집중력은 과거의 생존 본능에서 진화한 것이지만, 본질적으로는 여전히 '새로운 것'을 탐구하는 행위다.

현대 사회에서 우리가 마주하는 '새로운 것'은 맹수가 아닌 정보, 지식 혹은 우리의 창작물이다. 우리가 책을 읽든, 컴퓨터로 일을 하든, 비행기를 조종하든, 우리는 항상 새로운 정보나 경험을 기대하며 집중한다. 이처럼 우리의 일상은 끊임없는 집중의 연속이다.

그로스의 이론을 더 자세히 살펴보면, 집중력의 본질은 새로운 자극을 포착하는 능력이다. 우리의 뇌는 과거의 생존 본능을 현대 사회의 요구에 맞춰 재구성했다. 즉, 포식자를 감지하던 본능이 이제는 정보 수집과 문제 해결 능력으로 진화했다.

우리가 어떤 일에 몰두할 때 느끼는 긴장과 집중은 단순히 의지력의 문제가 아니다. 이는 수백만 년에 걸친 진화의 결과물이다. 원시 시대에 생존을 위해 필요했던 이 본능은 현대에 와서 새로운 정보와 지식을 습득하거나, 복잡한 문제를 해결하고, 창의적인 아이디어를 개발하는 일에 사용된다.

이처럼, 우리의 집중력은 과거의 생존 메커니즘이 현대의 지적, 창의적 활동에 적응한 결과라고 볼 수 있다.

08 | 가슴

힘들이지 않고
집중하는 방법

작가 로베르트 무질^{Robert Musil}은 어릴 적 자신이 "작고 땅딸막했지만" 성인이 된 후에는 가슴과 가슴 크기에 많은 신경을 썼다고 고백한 바 있다. 그는 빈에 있는 집에서 매일 운동 프로그램을 실천하고, 그 진척 상황을 기록했다. 그의 기록에 따르면 수백 번의 줄넘기와 함께 10회, 15회, 20회의 팔굽혀펴기와 덤벨 운동이 포함되어 있었다. 무질은 넓은 가슴을 자랑하며 해변과 거리를 활보했다. 그는 20세기 초 태동한 보디빌딩 문화의 초기 실천가였다.

하지만 그의 야심 찬 삶에 제동을 건 것은 바로 넓은 가슴이었다. "심장이 빠르게 뛰고 가슴이 두근거리며 몸이 힘들어졌다." 이는 소화불량, 정신장애, 탈진으로 이어졌다. 결국 의사로부터 일할 능력이 없다는 진단을 받았다.

무질의 경험은 당시 사회의 광범위한 변화를 반영한다. 19세기 말에 이르러 집중에 대한 인식이 크게 바뀌고 있었다. 한때 미덕으로 여겨졌던 집중력이 이제는 질병의 원인으로 지목되기 시작했고, 이는 '신경쇠약의 시대'의 서막을 열었다.

이러한 변화의 배경에는 여러 요인이 있었다. 전기의 보급으로 인한 생활 리듬의 변화, 경제 활동의 가속화, 현대 사회의 복잡한 요구들이 사람들을 지치게 했다. 많은 이들이 이제 회중시계를 주머니에 넣고 다니며 늦지 않기 위해 수시로 시간을 확인했다. 도처에 자극이 있었고, 어디서도 오래 집중할 수 없었다. 고동치는 심장은 그 시대의 상징적 리듬이었다.

신경쇠약에서 번아웃으로:
현대의 산만함과 부담

뉴욕 출신 신경과 의사 조지 밀러 비어드^{George Miller Beard}는 '신경쇠약' 개념을 대중화하면서, 증기기관, 전보, 신문, 과학으로 대표되는 '현대 문명'과 '여성의 지적 활동'이 신경쇠약의 원인이라고 주장했다. 신경쇠약은 미국에 국한되지 않았다. 1차 세계대전 이전에 유럽으로 전염병처럼 확산되었고, 프랑스 작가 에밀 졸라는 그의 작품 『여인들의 행복 백화점』에서 새로운 시대가 가져온 혼란상을 생생하게 묘사했다.

모직물, 솔, 우산, 실크스타킹이 가득한 백화점들은 "물건들을 감당할 수 없어 터질 것처럼 보였고, 마치 거리로 쏟아내는 듯했다". 유혹적인 쇼윈도 마네킹, 시장을 향해 외치는 가격표, "양쪽

쇼윈도 거울은 서로를 비추며 끝없이 반복되었다". 에밀 졸라 스스로 고백했듯, 그는 집필에 과도하게 몰두한 나머지 신경쇠약에 시달렸다. 갑자기 사람들은 도처에서, 스트레스로 가득 찬 대도시 생활에서 더는 버틸 수 없을까 봐 두려워했다.

100년이 지난 지금, 우리는 번아웃, 보어아웃Boreout 또는 과민함이라는 새로운 전염병에 휩싸였다. 요즘 의사들은 불안장애, 공황발작, 강박증, 우울증 등의 진단을 내리고 있으며, 이러한 진단을 받은 젊은이들의 수는 지난 10년 사이에 두 배에서 세 배로 늘었다. WHO는 우울증을 현대인의 국민병으로 꼽고 있으며, 새로운 신경쇠약의 배경에는 전자 혁명으로 인한 산만함과 부담감이 지목되고 있다.

현대의 집중을 방해하는 것은 회중시계가 아닌 스마트폰이다. 우리는 대부분의 시간을 스마트폰과 함께 보내며, 우리의 집중을 끊임없이 방해받는다. 2004년, 프랑스 사회학자 알랭 에랭베르Alain Ehrenberg는 이를 '지친 자아'라고 묘사하며, 우리의 무한한 가능성과 제어할 수 없는 산만함 속에서 숨 가쁘게 달리는 모습을 그려냈다.

직원들은 더 이상 단순히 맡은 일만 하지 않는다. 에랭베르가 지적했듯 "책임감, 프로젝트 개발 능력, 동기부여, 유연성, 이것이 새로운 경영 공식이다". 노동자는 기업가로 살도록 강요받는다.

심장외과의
시작과 집중의 예술

심장외과는 1896년 9월 9일 프랑크푸르트암마인에서 시작되었다. 의사 루드비히 렌Ludwig Rehn이 그곳에서 처음으로 심장에 난 상처를 성공적으로 봉합했고, 이는 심장외과의 출발점이 되었다. 초기에는 수술 중에도 심장이 계속 뛰어야만 했다. 뛰는 심장을 수술하는 기법이 개발되었다. 환자를 으깬 얼음 위에 눕혀 체온을 낮추고 심장 박동수를 떨어뜨렸다. 모든 수술은 정교하고 고된 작업이었고, 사소한 실수라도 치명적일 수 있었다. 기본적으로 심장 수술이 그랬다.

1953년 필라델피아에서 미국 의사 존 기번이 '체외 혈액순환'을 발명했다. 신체 밖의 인공심폐기 덕분에 수술 중 심장을 잠시 정지시킬 수 있게 되었다. 비록 초기에 몇몇 환자가 숨졌지만, 이 기술은 널리 퍼졌다. 1958년 독일에 도입되었고, 2년 뒤 첫 독일 환자가 새 심장 판막을 얻었다.

오늘날 심장외과 의사는 흉곽을 절개하고 갈비뼈를 벌리는 수술을 일상적으로 시행하며, 이는 이제 안전하고 문제없는 시술로 자리 잡았다. 심지어 카테터로 접힌 심장 판막을 몸속으로 밀어 넣어 설치할 수 있게 되어, 심장을 열 필요도 없어졌다. 하지만 "심장을 열고 수술한다"라는 표현은 여전히 은유로 남아 있으며,

이는 극도로 집중이 필요한 상황을 상징한다.

특히 최고의 집중력을 요하는 상황에서는 집중력이 매우 중요한 요소로 작용한다. 18세기 영국 작가 사무엘 존슨은 이렇게 냉소적으로 지적했다. "2주 후 교수형에 처해질 거라는 소식을 들은 사람의 머리는 놀랍도록 집중해서 돌아간다."

일상에서도 사형선고가 내려질 수 있는데, 다만 판사의 선고가 아니라 의사의 불치병 진단으로 말이다. 이런 순간 집중력은 만질 수 있고, 볼 수 있으며, 들을 수 있을 정도로 대기를 압박하는 묵직한 긴장감으로 다가온다. 수술실, 열린 심장, 사형선고 외에도 멜로드라마 방송, 스포츠 경기, 폭탄 해체, 시험 때도 고도의 집중력이 발휘된다. 일상에서도 "심장 수술" 상황이 벌어질 수 있다. 도로 위 위험한 순간, 중대한 업무 회의, 인생의 사랑을 만났을 때 등이다.

어떤 이들은 초집중의 순간을 직접 만들어낸다. 가령 공원에서 두 나무 사이에 밧줄을 팽팽히 매달고 그 위에서 균형을 잡는 것이다. 양팔을 벌리고 한 걸음 한 걸음 내디딘다. 밧줄이 높을수록 위험은 더해진다. 정점은 서커스에서 안전망도 없이 훨씬 높은 곳에 밧줄을 매다는 것이다.

이렇게 우리는 집중력을 손에 넣고, 다른 상황에서도 밧줄을 더 높이 걸어 더 많은 집중력을 불러일으킨다. 이때 위험도 함께 높아진다.

흥미와 몰입:
집중의 본질을 찾아서

18~19세기 유럽 철학자들은 집중력을 극찬했다. 독일 철학자 크리스티안 가르베Christian Garve는 "모든 일에서 흥미가 차이를 만든다"라고 주장하며, 흥미가 있으면 자연스럽게 집중이 된다고 보았다. 가르베가 밝혔듯 "의지와 무관하게 영혼의 주의를 사로잡아 끌어내면" 위협적인 강제나 고통 없이 자연스럽게 집중력이 유지되었다.

현대 심리학은 이러한 흥미를 '사람-대상 이론'을 통해 설명한다. 이 이론에 따르면 인간은 끊임없이 환경과 상호작용하며, 긍정적 감정을 불러일으키는 대상을 '흥미'라고 일컫는다. 여기서 '대상'은 무한하다. 크고 작은 모든 사물, 사람, 활동, 구체적인 질문, 전체 주제 영역 등이 모두 해당된다. 흥미는 강요할 수 없으며, 과거의 경험에서 비롯된 긍정적 감정이 바탕이 된다. 우리는 과거에 좋았던 경험을 기꺼이 반복한다. 이렇게 우리 심장이 어떤 것에 이끌리기 시작한다.

모든 새로운 경험은 흥미의 토대가 될 수 있다. 그래서 어린 시절 수많은 흥미가 생겨난다. 아이들에게 세상은 오직 새로움 그 자체이기 때문이다. 아이들은 미세한 곤충부터 거대한 우주까지, 현실의 과학에서 상상의 모험까지 모든 것에 호기심을 보인다. 아직 모르는 게 너무 많아서다. 아이들은 뭐든 아주 세세하게 몰두할 수 있다. 아이 이야기를 듣고 질문에 답해야 하는 부모라면 너무도 잘 아는 사실이다.

우리는 나이가 들수록 새로운 흥미를 잃어가지만, 익숙한 것들을 새롭고 선입견 없이 바라본다면 새로운 흥미를 발견할 수 있다. 이렇게 하면 특별히 노력하지 않고도 집중력을 유지하는 마법을 부릴 수 있다.

활동 그 자체가 목적이 될 때
우리는 몰입한다

미하이 칙센트미하이는 열세 살에 일을 시작했다. 그는 텍스트를 번역하고, 홍보 책자를 만들고, 순례자들을 루르드 성지로 안내했다. 로마에 있는 집에서는 아버지의 식당 일을 도왔다. 원래 헝가리 외교관이었던 아버지는 공산주의 정권을 위해 일하길 거부하고 식당 문을 열었다. 1956년, 스물두 살의 칙센트미하이는 주머니에 1달러 25센트를 넣고 시카고로 떠났다. 그는 호텔에서 야간 근무를 하며 번 돈으로 대학에서 심리학을 공부했다.

얼마 지나지 않아 그는 자신을 사로잡은 연구 주제를 발견했다.

바로 작업에 몰두하는 예술가들이었다. 그는 쉴 새 없이 오로지 그림에만 몰두하는 화가들을 관찰했다. 그들은 먹고 마시고 자는 것과 주변의 모든 것을 잊어버렸다. 마치 자신의 작업과 하나가 된 것처럼, 놀이에 푹 빠진 아이들에게서나 볼 법한 행복한 무아지경에 빠진 것 같았다. 이는 전 세기 철학자들이 탐구했던 '흥미'라는 주제를 떠올리게 했다.

그러나 칙센트미하이가 목격한 이 초월적인 상태는 '흥미'를 훨씬 넘어서는 듯했다. 무엇보다 그것은 '대상'이 아닌 오직 '활동'과만 연결된 것으로 보였다. 화가는 작업을 끝내는 순간 모든 흥미를 잃어버렸다. 칙센트미하이는 궁금했다. 보통 사람들이 집중하기 힘들어하고 쉽게 지치고 산만해지는 상황에서 예술가들은 어떻게 그렇게 수월하게 집중할 수 있는 걸까? 그는 연구 끝에 1975년, 몰입 이론을 개발했다. 그는 주변과 시간, 심지어 자아마저 잊어버리는 완전한 집중 상태를 '몰입Flow'이라고 명명했다. 이로써 그는 "힘들이지 않고 이루어지는 주의 집중" 현상을 추적하는 연구의 토대를 마련했다.

칙센트미하이는 몰입의 핵심 조건을 지루함과 스트레스 사이의 이상적인 지점에 머무르는 것이라고 설명했다. 과제가 너무 쉬우면 딴생각에 빠지기 쉽다. 쇼펜하우어는 이미 행복의 전제 조건을 "지루함의 부재"라고 한 바 있다. 반대로 과제가 너무 어려워도 집중에 방해가 된다. 어려운 과제는 두려움을 낳고, 그러면 감당할 수 있는 것 이상의 정보가 머릿속을 어지럽힌다. 따라서 몰입을 위해서는 한편으론 도전이 필요하다. 편안한 거품 목욕으로는 그런 도전감을 얻을 수 없다. 하지만 다른 한편으론, 이 도전이 감당할 만해 보여야 한다.

자신이 몰입했음을 자각하고, 어려운 일을 해내며 그것을 통해 성장하고 있음을 깨닫는다면, 몰입은 행복감을 선사한다. 이를 위해서는 자신의 목표를 알고, 활동 중에 즉각적인 피드백을 받아야 한다. 화가가 그렇다. 그들은 적어도 그리고자 하는 바에 대해 대략적인 아이디어를 갖고 있고, 작업의 진전 상황이 눈앞에 펼쳐진다.

그림 말고도 다른 활동에서도 몰입을 경험할 수 있다. 예를 들어, 어떤 프로그래머는 작업에 푹 빠져 모니터에서 눈을 뗄 수 없어 다른 사람이 억지로 음식을 입에 넣어줘야 할 때가 있다. 프로그래머들은 이를 '해킹 모드'라고 부른다. 그들은 프로그램이 어떻게 작동해야 할지 알고 있고, 지속적으로 코드를 테스트한다. 컴퓨터게임에 푹 빠진 게이머, 운동선수, 외과 의사, 음악가도 비슷한 경험을 이야기한다.

칙센트미하이가 말한 대로, 이런 사례들의 공통점은 '활동 그 자체'가 목적이라는 것이다. 화가는 그림을 팔고 심지어 그것으로 생계를 유지하지만, 그림 그리는 행위 자체가 만족감을 주기에 그림을 그린다. 그래서 그림이 완성되는 순간 화가는 흥미를 잃어버린다. 이런 활동을 칙센트미하이는 '자기목적적^{autotelic}' 행동이라고 불렀다. 여기서도 몰입의 동생쯤 되는 흥미와 심장의 두근거림이 중요하다.

의식이 완전히 몰입된 황홀경과 같은 상태, 즉 몰입을 경험하기 위해 꼭 화가나 익스트림 스포츠 애호가가 될 필요는 없다. 일상적 과업과 여가 활동 속에서도 몰입 경험이 가능하다. 칙센트미하이는 춤, 섹스, 요가, 무술, 음악 같은 신체 활동과 깊이 있는 대화, 명상, 새로운 것 배우기 같은 정신적 도전과제들을 제안한다.

직장인이 번아웃을 일으킬 만큼 과도하지 않으면서도 보어아웃을 유발할 정도로 지루하지 않은 과제를 찾기란 쉽지 않다. 그래서 칙센트미하이는 분명한 인식을 중시했다. 작은 것까지 신경쓰고, 일의 기준을 높게 잡고, 목표를 세우고, 진척 상황을 기록하다 보면, 책상에서든, 공장에서든, 가게에서든 일상의 과제에서 몰입을 느낄 수 있다.

23년 은둔자를
만나다

오늘은 23년째 홀로 산속에서 명상하는 은둔자를 찾아가는 날이었다.

'23년이라고?'

조나단이 고개를 끄덕였다.

그는 우리가 믿기 어려워하는 표정을 짓는 걸 즐기는 듯했다.

히말라야의 놀라운 풍경 속에서 우리는 거대한 애벌레처럼 줄지어 좁은 오솔길과 임시 돌계단을 따라 산을 기어올랐다.

조나단은 주변의 침엽수가 히말라야 삼나무라고 설명했다. 나무가 하늘을 향해 자란다는 표현이 다소 진부하게 들릴지 모르지만, 이 나무들은 정말 그렇게 자라고 있었다. 30~40미터 높이에서 가지들이 구름 한 점 없는 푸른 하늘 아래 청록색 원뿔로 모였다. 가지들은 수평을 이루며 하늘을 향해 뻗어 있었다. 삼나무는 튼튼하고 질긴 나무다. 물과 양분을 거의 필요로 하지 않는다. 저

멀리 눈 덮인 산봉우리를 묘사하는 것도 진부하게 느껴질 수 있겠지만, 그것들은 정말 반짝반짝 빛나고 있었다.

사실 얼마나 걸어야 하는지는 중요하지 않았다. 나는 시계를 차지 않았고, 서두를 일도 없었다. 하지만 내 시간 감각은 계속 작동해서 한 시간이 채 되지 않았다고 알려주었다. 그즈음 돌로 지은 오두막이 보였다.

바로 이곳이 은둔자가 사는 곳이었다. 오두막 앞에는 잡초가 무성했고, 지붕은 구불구불한 금속 판자로 얼기설기 얹혀 있었다. 창문 하나는 벽돌로 완전히 막혀 있었고, 다른 하나는 짙은 감색 커튼으로 가려져 있었다. 두 창문 모두 쇠창살이 있었고, 담장으로 가려져 있었다.

"산짐승 때문이에요." 조나단이 주위를 살피며 속삭였다. 이 근방에는 색깔과 위험도가 다양한 곰들이 산다고 했다. 조나단의 설명에 따르면, 우기에는 비가 계속 내리기 때문에 은둔자는 종종 몇 달씩 완전한 어둠 속에서 시간을 보낸다.

우리는 경외의 표시로 오두막과 적당한 거리를 유지한 채 반원 모양으로 둘러섰다. 나무 문이 살짝 열려 있었다. 문지방 너머로 구겨진 냄비 두어 개가 사방에 쏟아지는 햇살을 반사하고 있었고, 곁에는 낡은 비닐봉지가 반쯤 차 있었다.

"평생 명상에 몰두하는 사람이 당연히 마트에서 장을 볼 순 없겠죠. 사람들은 은둔자를 사랑합니다. 그의 삶에 감탄하지요."

이웃 마을 주민들이 대신 장을 봐서 은둔자가 살아가는 데 필요한 모든 생필품과 식료품을 사다가 오두막 앞에 놓고 간다. 사람들은 은둔자의 삶을 경외하며, 그의 집중력이 자신들에게도 스며들기를 바라면서 이 용감한 이를 보살핀다고 했다. 숲에서 뻗은 전깃줄을 통해 그의 판잣집에 전기가 공급되는데, 마을 사람들이 이 남자를 위해 전기요금을 대신 내준다. 물만큼은 은둔자가 직접 산속 시냇물에서 길어 온다.

문틈 사이로 은둔자의 '등'이 보였다. 23년이 넘도록 흔들림 없이 세상을 등진 채 앉아 있었다. 적갈색 천을 어깨에 두르고, 머리는 짧게 깎았다. 그의 고개가 오른쪽으로 아주 미세하게, 거의 알아채기 힘들 정도로 움직였다가 다시 제자리로 돌아왔다. 그 작은 움직임조차 그에겐 큰 사건이었을 거라는 생각이 들었다.

"이제 가볼 시간이에요." 조나단이 말했다.

모든 게 순식간에 끝났다. 당연히 앉아서 침묵을 지키는 이에게 인사를 하거나 대화를 나눌 순 없었다. 돌아오는 길에 조나단은 수십 년간 산속 오두막에서 명상하는 이가 있다는 말보다 더 놀라운 이야기를 꺼냈다.

"이런 은둔자들도 수십 년간의 수행에도 불구하고 자신의 호흡에 1~2분 이상 온전히 집중하는 것을 매우 어려워합니다. 이는 집중력 훈련이 얼마나 어렵고 지속적인 과제인지를 보여주는 것이죠."

그날 밤, 나는 잠들 수가 없었다. 혼자서 수십 년을 수련하고, 몬순과 어둠, 고요함을 견뎌내고, 숲 저편에서 전기를 끌어오고 이웃이 장을 대신 봐주는 은둔자조차 집중력을 유지하지 못한다면, 나는 도대체 여기서 무엇을 이룰 수 있단 말인가?

조나단의 말이 다시 떠올랐다. "우리는 그토록 긴 세월을 학교와 직업 훈련, 대학 공부에 투자합니다. 그런데 왜 집중력을 기르는 데는 몇 년조차 할애하지 않는 걸까요? 많은 사람이 집중하지 않으면 모든 게 실패로 돌아간다는 사실을 잊고 있습니다."

09 | 등

아무것도
미루지 않으려면

구름 관찰의 지혜:
순간에 집중하는 법

등을 대고 누우면 구름을 볼 수 있다. 구름 관찰은 예부터 매혹적인 시간 보내기 방법이었다. 수많은 화가, 철학자, 작가, 신학자가 그 매력에 빠졌다. 그리고 그것은 편안하고 효과적인 집중력 훈련이기도 하다.

구름은 한편으로는 자연의 반복되는 공연이며, 구름의 생성과 소멸은 영원한 물리 법칙을 따른다. 일찍이 구름의 형태를 과학적으로 분류할 만큼 그 안에는 무수한 규칙성이 담겨 있다.

1803년, 영국의 약사 루크 하워드는 구름의 세 가지 기본 형태를 묘사했다.

'키루스'Cirrus는 라틴어로 '곱슬머리'라는 뜻이다. 그래서 하워드는 꼬불꼬불한 실 모양으로 하늘을 가로지르는 구름을 그렇게 불렀다. 우리는 '깃털구름'이라고도 한다.

우리가 '뭉게구름'이라고 부르는 구름에 하워드는 '적
운'^{Cumulus}(뭉치)이라는 이름을 붙였다.

짙은 안개처럼 두껍게 겹겹이 깔린 구름은 '층운'^{Stratus}(넓게 퍼진)
이라 명명했다.

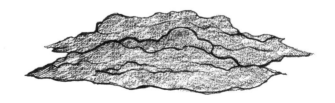

오늘날 세계기상기구의 국제 구름 지도는 구름 형태를 크게 넷으로 나누고, 이를 다시 10개의 속, 14개의 종, 9개의 아종, 그리고 9가지 특수 형태로 세분화한다.

다른 한편으로, 구름은 덧없다. 모든 구름은 극히 짧은 순간 단한 번 특별한 모습으로 존재한다.

흰색이 서로 스며들고, 갈라지고, 올라가고, 내려오고, 생겨나고, 사라지고, 회색으로 변하며 끊임없이 변화하기에, 하늘을 올려다보며 시간 가는 줄 모르고 깊이 몰입할 수 있다. 그리고 우리가 집중하는 바로 그 찰나가 다시 다음 순간으로 흘러가는 덧없는 시간임을 가장 절실히 깨닫게 해준다.

2004년에 구름감상협회The Cloud Appreciation Society를 설립한 영국 작가 개빈 프레터피니Gavin Pretor-Pinney가 "구름을 사랑하는 사람들의 모임" 창립 강연의 연사로 초대되었다. 우연히 시작된 일이 진지한 활동으로 발전했다(구름감상협회의 설립 목표는 '푸른 하늘'이라는 진부한 표현에서 벗어나는 것이었다 - 옮긴이). 구름감상협회는 오늘날 120개국에 수만 명의 회원을 두고 있으며, 그 수는 계속 늘어나고 있다. 수료증, 회원뱃지, 회원번호, 회비도 있다.

하지만 정작 구름의 순간에 몰입하는 사람은 회원번호든 공식 비공식 구름 형태든 모든 것을 잊는다. 그저 등을 대고 누워 관찰할 뿐이다. 모든 구름에 형태와 이름을 정하려 들지 않는다.

쉼표의 힘:
집중력을 높이는 전략적 휴식

어떤 활동을 할 때, 중간에 쉬는 게 좋을까?

☐ 편안한 활동
☐ 불편한 활동

단순히 힘든 일을 잠시 내려놓고 머리를 식히는 휴식만 말하는 게 아니다. 아이러니하게도 편안한 활동을 할 때 중간에 쉬는 것이 가장 중요하다.

그 이유는 '습관화'라는 심리적 현상, 즉 습관의 힘 때문이다. 우리는 반복되거나 지속되는 모든 일에 점점 무뎌진다. 습관화는 즉각적으로 시작되며 반복의 횟수에 따라 그 영향력이 증가한다. 이때 편안한 활동과 불편한 활동의 차이가 중요한 역할을 한다.

편안한 활동을 하면, 잠시 후 습관화로 인해 긍정적인 감정이 둔해진다. 일이 점점 지루해지고 재미가 떨어진다. 반면에 불편한 활동을 하면, 습관화가 오히려 도움이 될 수 있다. 시간이 지남에 따라 불편함이 감소하고 활동이 더 견딜 만해지기 때문이다.

중단할 때마다 습관의 힘도 작용을 멈춘다. 그러므로 중간에 한 번씩 그 일에서 '등'을 돌리면, 편안한 활동이 매력을 유지할 수 있다. 한 실험에서 두 집단이 흥미진진한 영화를 관람했다. 한쪽은 광고가 삽입된 영화를, 다른 한쪽은 광고 없이 영화를 봤다. 나중에 모두에게 영화에 대한 소감을 물었다. 광고가 삽입된 영화를 본 집단이, 광고의 방해에도 불구하고 영화를 '더 좋게' 평가했다. 광고 후 매번 다시 시작할 때 관심이 환기되었고, 그것이 긍정적인 감정을 연장했기 때문이다. 이는 집중력을 잘 유지하는 데 도움이 되었다.

불편한 활동은 그 반대다. 불편한 활동 도중에 잠시 일에서 벗어나면, 힘들게 형성된 습관화 효과가 깨진다. 매 휴식이 고통을 증폭시키고, 새롭게 집중할 때마다 더 많은 힘이 소모되었다. 그러므로 불편한 활동은 쉬지 않고 한 번에 끝내는 게 더 낫다.

선택의 역설:
미리하기와 미루기 사이에서

일정 거리를 두고 두 개의 양동이가 배치되어 있고, 두 양동이에는 동전이 가득 담겨 있다. 두 양동이는 각각 3킬로그램이다. 1번 양동이는 출발지 근처에, 2번 양동이는 목적지 근처에 있다. 출발선에 선 학생은 과제를 받는다. 가는 길에 양동이 하나를 목적지까지 옮기라는 것이다. 어떤 양동이를 옮겨도 상관없다.

이 학생은 1번 양동이와 2번 양동이 중 어느 쪽을 선택할까?

2번 양동이를 고르는 게 합리적이다. 목적지 가까이에 있으니 들고 가야 할 거리가 짧아 힘이 덜 들 테니까. 그런데 심리학자 다비트 로젠바움의 실험에서 대다수 피험자는 1번 양동이를 목적지까지 날랐다. 양동이를 들고 불필요하게 먼 거리를 달린 것이다.

예상치 못한 발견이었다. 로젠바움은 사실 달리기와 물건을 집을 때의 몸짓을 연구하려 했다. 그는 피험자들의 비합리적 선택에

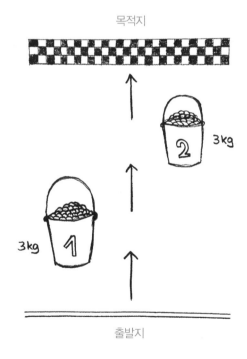

놀라 이유를 물었고, 거의 모두가 똑같이 대답했다. "가능한 한 빨리 과제를 끝내고 싶었어요." 이들에게는 양동이를 들고 조금 더 달리는 것보다, 계획을 머릿속에 담아두고 그것을 짊어지고 달리는 게 더 버거웠던 모양이다.

일을 더 많이 해야 한다 해도, 대개 사람들은 과제를 미루기보다는 먼저 끝내는 걸 선호한다. 로젠바움은 이 현상을 '미리하기'pre-crastination라고 이름 붙였다. 'cras'는 '내일'을 뜻하는 라틴어이고, 'pre'는 '먼저, 미리'를 뜻한다. 내일 할 일을 오늘 미리 하는 것이다. 이와 반대되는 말이 바로 '미루기'pro-crastination이다.

얼핏 보면 미리하기와 미루기는 정반대로 보이지만, 사실 둘은 같은 목표를 추구한다. 과제가 눈에 띄지 않게 만드는 것! 미리하기는 가능한 한 빨리 과제를 끝내 버림으로써, 미루기는 과제에서 시선을 돌림으로써 그렇게 한다.

만약 나중에 더 많은 정보나 도움을 얻을 수 있다면, 미루는 게 현명한 선택일 수도 있다. 카트린 파시히와 샤샤 로보가 『무계획의 철학』에서 말했듯이, "로미오가 줄리엣의 무덤 앞에서 자살을 조금만 미뤘더라면, 둘은 함께 늙어갈 수 있었을 것이다". 절망에 빠진 로미오가 자살을 조금 늦췄더라면, 줄리엣이 죽은 게 아니라 잠시 잠들었을 뿐이란 걸 알게 되었을 테니까. 따라서 미루기에서 중요한 건 미루기 그 자체가 아니라, 미루는 이유다. 비합리적인 이유는 더 큰 스트레스, 더 많은 업무, 불만족, 자기 회의 등의 폐

해를 낳는다. 반면, 미리하기는 제때 일을 끝낸다는 만족감을 선사한다. 이것이 바로 미리하기와 미루기의 차이점이다.

미루는 이들은 껄끄러운 과제를 시야에서 치우기 위해, 청소나 장보기, 인터넷 서핑 같은 다른 일에 몰두한다. 미국 유머 작가 로버트 벤츨리는 이렇게 냉소적으로 표현했다. "원래 해야 할 일만 아니라면, 뭐든 즐겁게 할 수 있어." 1930년에 한 말이다. 오늘날 심리학자들은 이렇게 표현한다. "원래 해야 할 일은 즉각적 만족을 주는 다른 활동들과 경쟁한다." 즉, 원래의 과제는 다른 대안적인 활동들을 하도록 부추기는 역할을 한다.

벤츨리의 발언이 곧 100주년을 맞이하는 현재까지도, 미루기를 막을 확실한 방법은 아직 발견되지 않았다. 하지만 이에 대한 많은 연구가 진행되었다. 거의 모든 게 '몸을 돌리는' 그 마법의 순간에 달려 있다. 과제에 등을 돌리지 않고 맞서는 순간 말이다. 이는 고대 로마의 시저가 맞닥뜨렸던 "루비콘강을 건너는" 순간과도 같다. 심리학의 동기 부여 모델인 "행동 단계의 루비콘 모델"*에 영감을 준 중요한 개념이다. 그리고 이 순간은 무엇보다 집중

---

* "행동 단계의 루비콘 모델"은 1980년대 독일 심리학자 하인츠 헤크하우젠(Heinz Heckhausen)이 개발한 동기 부여 이론이다. 이 모델은 목표 설정부터 행동 실행, 결과 평가까지의 의사결정 과정을 설명한다. 모델명은 시저의 루비콘강 도하에서 유래해 '결심의 순간'의 중요성을 강조한다. 이 이론은 목표 설정(동기)과 목표 추구(의지)를 구분하는 네 단계로 구성되며, 특히 미루기 행동을 극복하기 위해 결심의 순간을 관리하는 것의 중요성을 시사한다.

에 달려 있다. 집중 상태에 도달하는 데 시간이 필요하듯, 첫 발걸음을 떼는 것이 가장 어렵다.

심리학자 안나 회커Anna Höcker와 마르가리타 엥베르딩Margarita Engberding은 집중력을 발휘하기 어렵다는 사실을 그냥 받아들이고 싶지 않았다. 그들은 어떻게 시작을 쉽게 할 수 있을지에 몰두했고, 급진적 불면증 치료법에서 영감을 얻었다. 불면증 환자에게 수면을 제한하고 특정 시간에만 잠시 눕게 하면 수면욕이 급격히 증가하는 원리에서 착안해, 이들은 '작업 시간 제한' 기법을 고안했다. 이 방법은 하루 중 특정 시간대에 각 20분씩 두 번만 작업을 허용하고 나머지 시간에는 완전히 작업을 제한하는 방식으로, 과제를 미루게 만드는 방해 요인을 줄인다. 20분을 집중해 활용하는 습관을 형성한 뒤, 점차 작업 시간을 늘려가는 접근이다.

이런 엄격하지만 단순한 요령 덕분에 작업시간이 부족하게 느껴진다. 주어진 시간이 무한정 길게 보이지 않고 갑자기 소중해진다. 그래서 정해진 시각에 딱 맞춰 시작해서 주어진 시간을 최대한 활용하게 된다. 이러한 시간 제약이 결과적으로 집중력 향상으로 이어진다.

10 | 팔

동시에 처리할 일
결정하기

집중력을 키우는
몰입의 기술

저글링의 세계적 대가 데이브 피니건 ^{Dave Finnigan}은
이 기술의 본질을 다음과 같이 정의했다. "전후좌우 모든 주변을
잊고 오로지 균일한 패턴에만 몰두하는 것." 이는 집중을 설명하
는 완벽한 정의다. 그리고 저글링은 완벽한 집중력 훈련이다. 공
에 온전히 집중하지 않으면 저글링은 불가능하다.

독일 연구진이 MRI로 저글링의 놀라운 효과를 입증했다. 성인
의 뇌는 변화가 불가능하다는 통념을 저글링이 뒤집었다. 뇌 부피
를 키운 것이다! 저글링 초보자가 3개월간 공 세 개로 연습하자 뇌
가 커졌다. 특히 공간 동작 인지 부위가 확장됐다. 3개월 쉬자 다시
줄어들었다. 공 패턴 집중과 뇌 부피 간 상관관계를 보여주는 인상
적인 증거다. 생각으로 하는 저글링인 멀티태스킹과 달리, 실제 공
저글링은 훈련으로 익힐 수 있고 뇌에 좋은 영향을 준다.

저글링은 도전적이지만 예상보다 빨리 익힐 수 있는 기술이다.

공원, 침실, 책상 등 어디서나 연습할 수 있으며, 전문 도구가 없어도 손수건이나 양말로 대체 가능하다.

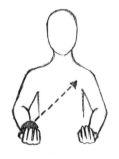

한 개 공 연습:

- 오른손에서 왼손으로, 그리고 반대로 대각선 눈높이로 던지기
- 부드러운 포물선을 그리며 던지고 받기

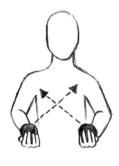

두 개 공 연습:

- 양손에 공 하나씩 들고 시작
- 오른손 공을 던지고, 정점에 도달할 때 왼손 공 던지기
- 리듬감 있게 번갈아 던지고 받기

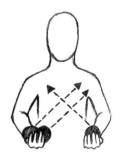

세 개 공 연습:

- 한 손에 두 개, 다른 손에 한 개 공을 들고 시작
- '오른쪽-왼쪽-오른쪽' 순서로 연속해서 던지기
- 공이 정점에 도달할 때 다음 공 던지기

첫 도약을 위해 한 가지만 더하면 된다. 공들을 잡지 않고 바로 다시 위로 던지는 것이다. 그렇게 되려면 연습이 필요하다. 공 세 개 저글링 세계 기록은 2009년 이후 미국의 데이빗 슬릭^{David Slick}이 보유 중이다. 그는 12시간 5분간 쉬지 않고 저글링했다.

집중이 더 선명한 기록을
남기는 순간

1484년 아직 어렸던 때에 거울에 비친 모습을 보고 직접 그렸다.
알브레히트 뒤러^{Albrecht Dürer}

알브레히트 뒤러는 열세 살 때 이 자화상을 그렸다. 자화상의 대가인 그가 남긴 수많은 유명한 자화상 중 이것이 가장 오래되었고, "거울에 비친 모습을 보고 직접 그린 것"이다. 신중함과 집중력을 요구하는 그림 도구를 사용했다. 아버지의 금세공 작업실에서 발견한 은첨필로 그렸는데, 지울 수도 없고 고칠 수도 없었다.

자화상 속 소년은 연필을 들고 종이 위로 몸을 숙이고 있지 않다. 즉, 뒤러는 그림을 그리는 자신의 모습을 그대로 옮기지 않았다. 그는 우선 거울에 집중했고, 자세를 잡았으며, 선의 흐름을 외웠다. 그다음 연필을 쥐고 그리기에 몰두했다. 하나씩 차근차근, 여러 번 반복하면서. 1484년의 기술로는 다른 방법이 없었다. 거울은 당시에 매우 현대적이고 고가의 장비였다.

이제는 달라졌다. 우리는 사진 촬영으로 순간을 포착할 수 있다. 처음에는 조명 노출 시간이 길어, 셔터를 누른 후에도 사진 안으로 걸어 들어갈 수 있었다. 나중에는 속도가 빨라졌고 타이머 셔터도 생겼다. 사진이 제대로 찍혔는지는 인화한 후에야 알 수 있었다. 즉석카메라가 그 시간을 몇 분으로 줄였다. 이제는 두 번째나 세 번째 촬영이 필요한지를 더 빨리 확인할 수 있게 되었다. 디지털카메라는 결과를 즉시 화면에서 보여준다. 스마트폰은 소년 뒤러가 상상조차 할 수 없었던 일, 즉 실시간으로 자신의 모습을 보며 순간을 포착할 수 있는 새로운 시대가 열린 것이다.

기술 발전과 더불어 우리의 팔도 길어졌다. 자화상을 사진으로 남기려고 우리는 사방으로 팔을 뻗는다. 2014년엔 셀카봉으로 팔을 연장하는 게 유행이었다. 이로써 우리는 자신과 더 멀리 떨어져 남처럼 자신을 관찰했고, 무엇보다 그 순간을 포착했다. 일부는 소셜미디어 공유를 목적으로 사진을 찍고, 대다수는 그저 자신의 삶을 기록한다. 휴대전화로 자서전을 쓰는 셈이다.

이러한 기술의 발전은 우리가 순간을 경험하는 방식을 근본적으로 바꾸고 있다. 1484년 뒤러는 먼저 순간에 집중한 뒤 그 순간을 영원히 남기는 데 몰두했다. 요즘엔 자신이 경험하는 대상보다 카메라 구도에 집중하는 사람이 늘고 있다. 종종 생각마저 미래에 가 있다. 보정 후 사진이 어떨지, 어떤 반응을 불러일으킬지 궁금해한다.

이런 행동은 생명까지 위협한다. 공중 전선 감전사고, 지붕이나 다리 추락사고 등 셀카 사망사고가 증가하고 있다. 총을 들고 셀카를 찍다 실수로 자신을 쏜 사람도 있다. 이제 박물관, 놀이공원, 축구장, 동물원, 콘서트장 등 여러 곳에서 셀카봉 사용이 금지되었다. 촬영에 너무 빠져 셀카봉이 예술작품을 훼손하거나 심지어 다른 사람의 눈을 찌르는 경우도 있었기 때문이다.

특히 금세 사라지는 장관을 마주했을 때, 우리는 장관 자체에 집중할지 그것을 포착하는 데 집중할지 선택해야 한다. 완벽한 경험과 기록은 양립할 수 없다. 호주 에어즈록의 일출, 사파리의 추격 장면, 레드카펫 위로 빠르게 지나가는 영화배우…. 뒤러 시대와 달리 오늘날엔 '경험하지 않은' 일을 사진으로 남기기가 쉬워졌고 더 유혹적이다.

드물게는 집중이 더 선명한 기록을 남길 수 있다. 멋진 일출에 푹 빠져 경험한 사람은 그 순간을 절대 잊지 못하기 때문이다.

멀티태스킹은
환상이다

1965년 출시된 'IBM 시스템/360'은 당시 혁신적인 컴퓨터 시스템이었다. IBM은 이 컴퓨터의 '강력한 성능'을 설명서에서 자랑했다. 사용자는 '싱글태스크'와 '멀티태스크' 두 옵션 중 하나를 고를 수 있다. 설명서는 멀티태스크 모드를 이렇게 설명했다. "프로그램이 입력이나 계산 결과를 기다리느라 작업을 멈춘 동안, 프로세서는 다른 일을 할 수 있다." 그래서 컴퓨터는 늘 바쁘게 돌아간다. 즉, 컴퓨터의 멀티태스킹은 여러 작업을 '동시에' 처리하는 게 아니라, 그저 여러 작업이 쉼 없이 이리저리 '바뀌는' 것이다.

그러나 컴퓨터 설명서에 적힌 내용이 인간의 뇌에선 어떤지를 먼저 실험들이 보여줬다. 인간 역시 여러 과제에 동시에 집중할 수 없다. 우리도 과제들 사이를 오가며 하나씩 일을 처리하는 것이다.

인간의 양손은 겉보기에 독립적인 멀티태스킹이 가능한 것처럼 보인다. 우리는 양팔을 각각 따로 독립적으로 쓸 수 있다. 왼손으로 운전대를 잡고 오른손을 조수석 글러브박스 쪽으로 뻗을 수 있다. 요즘은 한 번에 한 가지 일만 처리하는 것을 시간 낭비로 여기는 사람이 많다. 사회학자 글로리아 마크가 측정했듯, 미국 사무직 근로자는 평균 4초마다 컴퓨터 작업 창을 바꾼다.

인간의 멀티태스킹 능력은 컴퓨터에 비해 현저히 떨어진다. 멀티태스킹 시 오류 발생률이 높아지고 작업 완료 시간도 크게 증가한다.

멀티태스킹 무능력이 특히 큰 결과를 낳을 수 있는 분야, 즉 도로교통 분야에서 인간의 멀티태스킹을 연구했다. 피험자들은 주행시뮬레이터에 앉아, 빨간 신호가 나타나면 제동 버튼을 눌러야 했다. 완전한 집중 상태에서조차 3퍼센트는 신호등을 놓쳤다. 이때 라디오를 들으면 결과가 약간 나빠졌다. 그런데 전화로 정치이야기를 하자 신호등을 그냥 지나치는 비율이 두 배로 높아졌다. 그리고 설령 제동 버튼을 눌렀더라도, 그 반응속도가 느려졌다. 전화기를 귀에 대든, 핸즈프리를 쓰든 큰 차이가 없었다.

수많은 연구가 거듭 확인했듯, 우리에겐 멀티태스킹 능력이 없다. 화면에서 맞춤법 오류를 찾으며 동시에 강의 듣기, 아이큐 테스트하면서 이메일에 답장하기. 어떠한 작업 조합도 효과적인 동시 수행이 불가능하다. 과거의 추측과 달리, 성별 차이도 없다.

흥미롭게도, 자신의 멀티태스킹 능력을 높게 평가하는 사람들이 오히려 집중력 테스트에서 더 낮은 성과를 보였다. 피험자들은 화면의 빨간 사각형 두 개를 응시하며, 중간에 끼어드는 파란 사각형은 무시해야 했는데, 자칭 멀티태스킹 고수들은 파란 사각형을 무시하는 것을 힘들어했다. 이미지 평가 능력과 불필요한 자극을 걸러내는 능력 모두에서 현저히 떨어졌고, 심지어 작업 간 전환 능력에서도 기대에 미치지 못했다. 예를 들어, 알파벳과 숫자를 번갈아 처리하는 작업에서도 전환 시간이 길어졌다. 멀티태스킹을 잘한다고 생각하는 청소년들조차 학교 시험에서 뚜렷하게 낮은 성적을 보였다.

어릴 때부터 다양한 경로로 뉴스, 정보, 프로그램, 과제를 접한 이른바 디지털 네이티브들에게서 희망이 보인다. 물론 그들의 뇌도 아직은 한 가지 일에만 집중할 수 있다. 진화는 그렇게 빠르게 일어나지 않는다. 하지만 여러 연구가 시사하듯, 어쩌면 불필요한 자극을 무시하는 능력을 키울 수는 있을 것 같다.

우리 팔을 여러 일에 쓸 수 없다는 뜻은 아니다. 습관이 된 일은 집중력이 덜 필요해 다른 일도 함께 할 수 있다. 예컨대 통화하며 커피를 내릴 수 있다. 일이 복잡해지면 다시 싱글태스킹 모드로 돌아간다. 옆 사람과 대화하며 운전한 경험이 있다면 다 안다. 교통 상황이 한눈에 안 들어오면 대화는 즉시 끊긴다. 후진 주차 때 당신은 라디오 볼륨을 줄이지 않는가?

11 | 팔꿈치

집중의
지렛대

우리가 주목하는 그것이
지금의 현실이다

한 연구진이, 대부분 도망치고 싶어 하는 상황에서 과연 집중이 현실을 바꿀 수 있는지 조사했다. 그들은 통제된 환경에서 피험자들에게 통증 자극을 가했다. 기온이 45도를 넘으면 피부의 통증 수용체가 반응한다. 간격을 두고 천천히 49도까지 오르는 열판을 피험자 종아리에 올렸다. 첫 번째로는 눈 감고 올라가는 열을 느꼈다. 두 번째엔 호흡에 집중해야 했다. 고전적인 호흡 명상을 하게 한 것이다. 그다음 통증 강도를 척도에 표시했다.

호흡 집중이 약간 도움됐지만, 효과는 미미했다. 그러나 짧은 훈련 후 달라졌다. 피험자들은 나흘간 하루 20분씩 호흡 명상을 했다. 다시 열판을 댔더니, 온도가 오르는 동안 호흡에 집중하자 통증이 반 정도로 줄었다. 이는 강력한 진통제와 맞먹는 수준의 통증 감소 효과였다. 그리고 이게 그냥 느낌이 아님을 MRI가 증명했다. 통증 인식 뇌 영역 활성이 실제로 낮아진 것이다.

이 실험은 집중력이 얼마나 빨리 길러질 수 있는지 보여준다. 또 일상의 실용적 질문에도 답해준다. 치과에선 어떤 전략이 좋을까? 예상치 못한 통증 강도에 놀라지 않으려 앞으로 올 통증에 집중하기? 아니면 주의를 돌려 다른 데 집중하기? (정답: 후자가 낫다!)

이 실험은 집중의 본질적 특성을 드러낸다. 1890년 심리학 선구자 윌리엄 제임스의 말이 맞다. "그 순간 우리가 주목하는 바로 그것이 우리의 현실이다." 우리가 신경 쓰지 '않는' 것은 우리 현실이 '아니다'. 즉, 우리는 "현실에 대한 집중"을 선택적으로 조절할 수 있다.

집중이 좋은지 나쁜지는 상황에 따라 다르다. 우리가 항상 다리에 열판을 대고 있거나 치과 의자에 앉아 있는 건 아니니까. 또, 늘 창가에 팔꿈치를 괴고 있는 것도 아니니.

독서의 과학:
눈과 뇌의 협주

우리가 그냥 '읽기'라 부르는 것은 사실 뇌의 탁월한 능력이다. 이러한 읽기 능력 발달에는 수백만 년이 넘게 걸렸다. 당신이 앞 문단을 읽는 동안에도 이런 과정이 일어났다. 눈은 텍스트를 연속적으로 훑는 것이 아니라 '단속 운동'이라 불리는 방식으로 초당 최대 네 번 도약한다. 양쪽 눈은 정밀한 협응 과정을 통해 주로 단어의 좌측 중앙부에 초점을 맞춘다. 거기서 약 0.25초간 머물며 양옆의 몇 글자만 인식한다. 눈 구조상 그 이상의 글자에 초점을 맞출 수 없다.

아이는 어**른**을 올**려**다본다
고**개**를 돌**리**길 기**다**리며.

두뇌는 입력된 문자 정보를 기존에 저장된 언어 패턴과 대조한다. 단어를 인식하고, 눈이 계속 도약하는 동안 몇 단어를 단기기억에 저장한다. 문장 속 단어들을 서로 연결 짓고, 글자로 암호화된 메시지를 해독한다. 앞 구절을 읽는 동안, 아이가 팔꿈치를 대고 턱을 괴고 기대에 찬 얼굴로 부모를 바라보는 장면이 머릿속에 그려진다. 한 사람이 다른 이의 주의를 끌거나, 산만함, 새 자극 등을 원하고, 상대방은 그에 반응해야 하는 사회적 관계망을 보여주는 장면이다. 어쩌면 당신의 어린 시절이 떠올랐을지도 모른다.

이러한 인지 과정을 통해 형성되는 심상은 문자가 아닌 이미지로 구성된다.

이런 복잡한 읽기 과정은 연습이 필요하다. 학생들은 먼저 소리 내어 읽기를 익힌다. 시간이 지나면서 점차 속으로 읽기로 전환한 다. 그래도 한동안은 여전히 입술이 움직이고, 이 움직임도 차츰 억제할 수 있게 된다. 검지로 단어를 짚어가며 읽는 것도 마찬가지다. 어른이 돼서도 속으로 읽을 때, 혀에 신경 쓰면 여전히 혀를 움직이고 싶은 충동이 느껴진다.

성인은 이 책을 얼마나 빨리 읽을까?

☐ 1분에 100단어

☐ 1분에 250단어

☐ 1분에 1000단어

초등학교 3학년쯤 되면 1분에 약 100단어를 읽는다. 책을 거의 읽지 않는 어른이라면 이 정도 속도에 머문다. 자주 책을 읽는 사람은 1분에 약 250단어를 읽는다. 속독 전문가는 최대 1000단어까지 읽는다.

다음 문단은 총 248단어이다. 스톱워치를 준비했다면, 이제 읽기 시작해보자.

개인의 소소한 경험이 사회 전체의 큰 경험으로 이어진다. 교부학자 아우구스티누스는 400년경, 밀라노 주교이자 어머니의 친구인 암브로시우스가 조용히 책 보는 모습에 놀라 이렇게 적었다. "그가 책을 읽을 때, 눈은 줄을 따라 미끄러지고, 목소리와 혀는 조용했다." 글자 발명 후 오랫동안 읽기는 낭독을 뜻했다. 큰 소리로 읽기였다. 조용히 읽는 묵독법은 아직 없었다. 아우구스티누스는 암브로시우스의 특이한 행동을 추측만 할 뿐이었다.

주변 소음을 피해 책에 빠진 독자의 모습이 떠오른다. 집중해서 책 읽기가 어디까지 갈 수 있는지, 영국 잡지 『아커만의 예술 저장소』가 1817년 1월에 전했다. 유명 소프라노 카테리나 가브리엘리는 1765년 시칠리아 부왕의 리셉션에 나타나지 않았다. 부왕이 보낸 전령은 그녀가 침대에서 책 읽는 모습을 발견했다. 온갖 설득에도 그녀를 독서에서 떼어놓지 못했다.

독서의 몰입 매력은 지금까지 이어진다. 2020년 로이틀링겐 경찰 보고서에는 한 여성이 도서관에서 꺼내달라고 긴급 전화를 한 기록이 있다. 책에 너무 빠져 도서관 폐관 안내방송을 듣지 못했다는 것이다.

집중할 때만 긴 글의 내용을 제대로 파악할 수 있다. 이는 정보, 전문 서적, 소설의 낯선 세계 모두에 해당한다. 글의 복잡성 때문에 독서는 집중력 훈련이자 동시에 집중력 시험이다. 자꾸 뒤로 돌아가 읽어야 한다면, 집중력이 떨어졌다는 뜻이다.

정보를 얻는 독서라면, 종이에 인쇄된 정보가 집중하기 더 쉽다. 시선이 방향을 잃지 않고 제 길을 가는 데는 손에 느껴지는 종이 질감이 도움을 준다. 디지털 텍스트는 주로 검색, 탐색, 개인화 능력에 효과가 있고, 종이에 인쇄된 긴 글은 주로 집중력을 키운다. 2018년 한 메타 연구가 이를 증명했다.

하지만 5세기에 현대적으로 보였던 '한걸음 물러나 조용히 집중하는 독자'의 모습은 21세기엔 사치가 됐다. 집중에는 시간이 필요하다. 점점 치열해지는 일상의 요구에 맞서 매일의 독서 시간을 용기 있게 지켜내야 하기 때문이다.

눈과 뇌 못지않게 독서에 꼭 필요한 건 팔꿈치다. 집중해서 하는 공부와 작업을 스페인어로 '잉카르 로스 코도스'Hincar los codos라고 한다. 글자 그대로 옮기면 "팔꿈치로 받치다"라는 뜻이다. 팔꿈치 덕에 우리는 책을 적당한 거리, 즉 눈의 도약 운동에 알맞은 거리에 둘 수 있다. 팔을 구부릴 수 없다면, 독서는 어렵고 거의 불가능한 일일 것이다.

팔꿈치를 대고 창밖을 보는 퇴직자는 거리의 풍경에 집중할까? 아니면 다른 무언가에? 겉모습만으론 알 수 없을 것이다.

손이 하는 일에
집중하기

여기 히말라야에서 모든 이에게 각자 과제를 주는 데는 여러 이유가 있다.

대부분은 실용적 이유다. 불교 수도원은 침묵 세미나 참가비를 받지 않는다. 숙식 비용은 소액 기부금으로 충당한다. 그래서 참가자들이 함께 일해야 한다. 첫날 우리는 제비뽑기로 가사 일을 나눴다. 분배는 전혀 공평치 않았다. 예를 들어, 룸메이트 안토니는 매일 인도식 화장실을 청소해야 한다. 그의 찡그린 코를 보면 결코 즐거운 일이 아님을 알 수 있다. 다른 룸메이트 프레드릭은 더 편하지만 책임이 막중한 일을 뽑았다. 그는 식사, 명상, 취침 시간, 특히 아침 기상 시간을 알리기 위해 징을 쳐야 한다. 대부분이 시계를 차지 않았고 전화기는 압수됐기에, 프레드릭이 징을 치면 우리 모두는 잠자리에 든다.

나머지는 영성적 이유다. 공동체를 위한 봉사인 '업보 업무'가 있다. 우리는 이런 일로 업보 점수를 쌓는다. 독일인 수녀는 이 업무를 집중력 훈련으로 여기라고 조언했다. 그러면 단순하고 지루해 '보이는' 일에서도 행복을 느낄 수 있다고 한다. 이때 '보이는'을 아주 길게 늘여 말했다.

불쌍한 안토니.

내가 뽑은 제비는 점심 설거지였다. 학창 시절 수학여행 때 묵은 유스호스텔이 생각났다. 얼마 전까지는 내 인생 최고의 쇼핑은 식기세척기라고 모두에게 말하고 다녔다. 하지만 이젠 점심 먹고 아주 편안한 마음으로 주방에 가 소매를 걷어 올린다.

우리는 매번 같은 세 사람이 한 조로 설거지한다. 젊은 여자 하나, 젊은 남자 하나 그리고 나. 우리는 말없이 설거지대 자기 자리로 간다. 여자는 여유를 즐기는 듯하다. 얼굴에 만족스러운 미소가 있다. 남자는 신나게 얘기하고 질문하고 수다 떠는 것처럼 보인다. 그의 입술이 소리 없이 움직인다. 우리는 서로에 대해 아무것도 모른다. 이름이 뭔지, 어디서 왔는지, 집에서 어떻게 설거지하는지, 집에서의 일상이 어떤지 전혀 모른다.

처음에는 음식 찌꺼기가 떠다니는 물에 손을 담그는 게 싫었다. 손가락이 축축한 냉기를 느끼며 사기그릇 위 거친 표면을 더듬는다. 그릇이 뒤죽박죽 쌓여 있고, 몇몇은 이가 빠져 가장자리가 날카롭다. 그런데 놀랍게도 인식이 금세 바뀌었다. 물속에, 접시에 남은 찌꺼기는 방금 내가 먹은 음식이다. 그게 왜 지저분하단 말인가? 대부분 잔여물은 부드러워서, 그걸 스펀지로 동그랗게 문지르며 없앤다. 가끔 말라붙은 찌꺼기가 손끝에 닿는다. 그럼 난 솔로 세게 문지른다. 그다음 솔을 제자리에 놓는다.

우리는 3단계 리듬을 만들어냈다.

나는 문지르고 오른쪽 낯선 이에게 조용히 접시를 넘기면, 그 사람이 깨끗이 헹군다. 그가 세 번째 낯선 이에게 살며시 접시를 건네면, 그 사람이 마른 수건으로 물기를 닦는다. 우리는 물속에서 손이 만드는 물결 소리를 듣는다. 서로 살짝 겹치는 리듬으로 반복되는 숨소리도 듣는다. 수건 문지르는 소리도 듣는다. 수건이 점점 젖어 들어, 시간이 지날수록 그 소리가 변한다.

손이 하는 일에 집중하기, 그것에 빠져들기. 수도원 생활에서 내가 배운 것이다. 성 베네딕트는 수도원에서 "정해진 시간 동안 작업에 몰두해야 한다"라는 규칙을 세운 바 있다.

어느새 내 동작이 물처럼 흐르고, 우리 셋의 움직임이 하나가 되어, 우리는 그저 이 순간에 존재한다.

여기도 일상, 저기도 일상.

12 | 손

집중의 순간을
포착하다

생각의 질주,
그 멈춤의 출발점은 손에서

1934년, 미국의 의사 에드먼드 제이콥슨은 『반드시 이완하라*You Must Relax*』란 책을 냈다. 첫 문장은 이랬다. "이 세상은 긴장으로 가득 차 있다." 세상은 복잡하고 분주하며, 많은 이가 만성 긴장 상태에 있고, 이것이 통증, 불편함, 집중력 장애를 부른다. 이런 고통이 "일반 감기보다 더 흔하다". 제이콥슨은 환자들이 자신의 긴장 상태를 인식할 수 있도록 근육의 긴장과 이완의 구체적 차이에 집중하게 했다.

이완 연습의 첫걸음은 손에서 시작된다. 먼저 등을 대고 누워 눈을 감는다. 팔을 몸 옆에 편안히 두고 손바닥이 바닥을 향하게 한다. 그 다음, 왼쪽 손목을 뒤로 젖혀 손이 팔과 수직이 되도록 한다. 이때 팔은 바닥에 그대로 둔다. 이 자세로 몇 분간 유지하며, 왼쪽 아래팔에서 느껴지는 미세하지만 분명한 근육 긴장에 집중한다. 마지막으로, 손의 긴장을 풀고 이완되는 감각을 느낀다.

제이콥슨은 이렇게 긴장과 이완의 교차에 집중하는 것을 '과학적 이완' 또는 '점진적 근육 이완'이라고 불렀다. 그의 방법은 '점진적 근육 이완'이란 이름으로 세계적으로 유명해졌다. 근육의 집중적 이완이 자율신경계도 이완시키기에, 이 방법은 지금도 여러 나라에서 긴장, 불안, 집중력 장애를 완화하는 데 쓰인다.

아래 팔뚝을 시작으로 점차 팔, 다리, 등, 목덜미, 어깨, 이마, 뺨, 코, 혀, 몸 전체 여러 부위의 긴장 및 이완에 집중하므로 제이콥슨은 '점진적'이란 말을 썼다.

집중력을 가장 많이 방해하는 내적 불안과 질주하는 생각을 가라앉힐 때는 특히 눈 근육에 신경 쓰라고 제이콥슨은 권한다. 등을 대고 누워 눈 감고, 지나가는 기차, 날아가는 새나 공을 상상한다. 제이콥슨 말로는, 이런 장면을 그저 상상만 해도 대부분 눈 근육에서 긴장이 느껴진다고 한다. 이 느낌은 종이 부스럭거림조차 들리는 완전히 조용한 공간에서만 알아챌 정도로 아주 미세할 수 있다. 긴장을 알아차린 후 안구 주변 근육을 점차 이완한다. 생각의 질주를 막는 데 이 방법이 도움이 된다.

그의 통찰은 지금도 유효하다. 오히려 스마트폰과 디지털 기기의 발달로 우리의 눈과 손은 더욱 긴장된 상태에 놓여 있다. 이런 시대일수록 우리는 의식적으로 몸의 긴장을 느끼고 이완하는 시간을 가져야 한다.

손짓의 힘: 생각을 돕는
무언의 파트너

"나는 계단을 뛰어올랐어!" 이렇게 말하며 검지로 나선을 그리면, 그가 오른 계단이 나선형임을 알 수 있다. 손동작은 말의 의미를 선명하게 만들고, 말할 때 손을 쓰는 사람은 능숙한 연설가로 인정받는다.

연구자들은 손동작을 네 유형으로 나눴다.

도상적 동작은 특정 형태를 묘사한다. 예를 들어, 일련의 움직임이나 나선형 계단 같은 물체의 모양을 표현한다.

은유적 동작은 추상적 개념을 구체적인 형태로 표현한다. "손 안에 있다"라는 동작으로 "대답이 확실하다"라는 은유적 의미를 전달하는 식이다.

박자 맞추는 동작은 말의 내용보다는 리듬을 강조한다. 지휘자의 동작과 유사하다.

가리키는 동작은 실제 또는 상상 속 공간의 물체를 지시한다.

손동작은 수수께끼 같다. 말과 손동작은 별개 활동으로, 동시에 하는 건 우리에게 서툰 멀티태스킹이긴 하다. 원래는 집중을 방해해야 하는데, 우리는 분명 손동작을 즐겨 한다. 심지어 많은 사람들은 상대방이 볼 수 없는 전화 통화 중에도 자연스럽게 손짓을 한다. 시각장애인도 서로 대화할 때 손동작을 한다. 어떤 이는 생각할 때, 즉 자기와 대화할 때도 손을 쓴다. 이러한 현상은 손동작이 단순히 추가적인 정보 전달 수단이 아니라, 우리에게 어떤 이점을 제공하고 있음을 시사한다.

한 연구진이 손동작이 화자에게 주는 이점을 알아보고자 했다. 이를 위해 피험자에게 먼저 계산 문제를 풀게 했다.

아이들은 $4 + 5 + 3 = \underline{\quad} + 3$ 같은 간단한 산수를, 어른들은 $X^2 - 5X + 6 = (\quad)(\quad)$ 같은 복잡한 수학 문제를 받았다. 계산 후 피험자들에게 단어나 알파벳 목록을 주고, 문제 푼 방법을 설명하게 하면서 동시에 이를 외우게 했다. 어떤 이는 설명하며 손을 썼다. 숫자를 가리키고, 허공에 덧셈, 곱셈 기호, 빈칸, 등호를 그렸다. 다른 이들은 손을 가만히 뒀다. 마지막에 연구진은 아이들과 어른들의 단어와 알파벳 기억력을 검사했다. 그 결과, 말할 때 손동작을 쓴 사람이 그렇지 않은 사람보다 더 많이 기억했다. 자발적으로 손동작을 썼든, 쓰지 못하게 막혔든 차이가 없었다.

연구진은 손동작이 '인지적 부담'을 효과적으로 경감시킨다는 결론에 도달했다. 손동작이 말을 쉽게 만들어 에너지를 아낀다. 그래서 다른 일에 더 잘 집중할 수 있다. 뭔가를 외우거나, 타인 또는 자신과 대화할 때 더 잘 집중할 수 있다.

손동작이 멀티태스킹 법칙을 따르지 않는 건, 언어와 손동작, 손과 입 사이에 물리적 연결이 있어서 그런 듯하다. 갓난아기도 이미 '밥킨반사'(Babkin Reflex, 신생아의 손바닥을 누르면 입을 벌리고 고개를 돌리는 원시 반사로, 보통 생후 3~4개월까지 나타나다가 사라진다—편집주)를 보인다. 엄지로 아기 손바닥을 누르면, 아기가 입을 벌린 채 가만히 있다. 이러한 초기 반사 때문에, 아기에게 젖을 먹이면서 동시에 안정감을 주려고 손을 토닥이는 부모들은 아이가 젖을 먹지 않는 것처럼 보여 당황할 수 있다. 그러나 성인이 되면 이러한 신경학적 연결이 오히려 뇌의 인지 부담을 줄이는 데 활용될 수 있다.

집중력 회복을 위한
짧은 휴식

일본어로 '이네무리'는 '깜빡 졸음'이란 뜻이다. 일본에선 짧은 낮잠을 그렇게 부른다. 그곳에선 지하철, 주차장, 학교, 의회, 사무실, 회의 등에서 다른 이들 앞에서 잠깐 눈 감고 있어도 실례가 아니다. 일부 따뜻한 나라에선 심지어 낮잠이 '시에스타'란 이름으로 상점과 관청의 업무 시간에도 포함된다.

적절한 낮잠은 집중력을 회복시켜 업무 성과를 향상시킨다. 주관적 느낌만이 아니다. 알래스카 유조선 엑슨 발데즈의 기름 유출 사고나 체르노빌 원전 사고 같은 재난에 대한 과학적 분석이 이를 입증한다. 과로는 책임자의 집중을 빼앗고, 책임자는 재앙으로 이어질 수 있는 실수를 저지른다.

독일 사회에서 낮잠은 다소 구시대적인 관습으로 여겨지며 게으름, 부주의, 시간 낭비, 성과 부족을 떠올리게 한다. 산업화가 제기하는 기준은 인간이 감당할 수준을 넘어섰다. 기계들은 쉼 없이 돌아간다. 요즘엔 기껏해야 '파워 낮잠power nap'이란 말을 쓰는데, 자는 동안에도 힘들게 일해야 할 것 같은 느낌이다.

낮잠에 관한 체계적인 연구는 많다. 하버드대에서 피험자들에게 하루 1시간씩 네 번으로 나눠 화면에 뜬 집중력 과제를 풀게 했다. 한 집단은 중간에 30분쯤 낮잠을 잤고, 두 번째 집단은 1시간을 잤다. 비교집단은 자지 않았다. 잠은 안 잔 집단의 성과는 저녁으로 갈수록 빠르게 떨어졌다. 30분쯤 잔 집단은 집중력을 어느 정도 유지했고, 1시간을 잔 집단은 오히려 오후에 집중력이 좋아졌다.

아무도 이 연구 결과를 의심하지 않지만, 낮잠은 여전히 낙인을 벗지 못했다. 일부 기업은 사내에 수면실까지 마련했지만, 아무도 그걸 공공연히 말하지 않는다. 파리와 베를린 같은 도시들에서 수면 카페가 30분 단위로 은밀한 낮잠 공간을 빌려준다.

그렇지만 낮잠이 너무 길면 안 된다. 오히려 집중력이 떨어지고 남은 하루를 비몽사몽 졸음에 취해 보낼 위험이 있다. 첫 번째 깊은 수면 단계에 들어가기 전에 다시 깨는 게 이상적이다. 이를 위한 비결이 몇 가지 있다. 일본인은 적절한 낮잠 시간을 이미 몸에

익힌 것 같다. 그들은 지하철에서 내릴 역에 도착하거나 의회에서 발언할 차례가 되면, 신기하게도 바로 알아채고 눈을 뜬다. 어떤 이는 커피 한 잔 마시고 눕는다. 카페인이 효과를 내고 잠에서 깨면, 이상적인 낮잠 시간을 보낸 것이다.

살바도르 달리는 창의적인 방식으로 낮잠 시간을 통제하기 위해 자신의 손을 활용했다고 한다. 그는 낮잠 잘 때 열쇠꾸러미를 손에 들었다. 몸이 깊은 잠에 빠지면, 근육이 힘을 잃고, 그리면 열쇠꾸러미가 알맞은 순간에 바닥에 떨어지고, 달리는 그 소리에 잠에서 깨서 다시 일을 시작했다.

정밀한
집중력 측정

손을 쓰는 일은 일종의 집중력 시험이다. 자, 이제 연필을 손에 쥐고 아래 두 글자 열에서, 위아래에 그어진 줄의 개수가 총 두 개인 'd'를 모두 지워라. 줄 개수가 하나이거나 3개 이상의 'd'는 지우지 마라. 또한 'p'를 지우지 않도록 조심하라!

독일의 집중력 표준 테스트는 이런 원리를 따른다. 테스트 이름은 아주 평범하게 'd2'이다. 1962년에 심리학 교수 롤프 브리켄캄프가 기술검사협회[TÜV]의 화물트럭 운전자 능력 시험용으로 만들

```
    |   ||| |   ||       |     ||| |    |     | ||     | ||   |    | |
  d d d d   p d   p p p d   p d d   p d d   p p d   p d d d d   p d p d
  || | | |       |     | ||   || |     | ||     |     | |     || |   || |
```

```
  ||     | ||     |     |     | ||| |     |       | ||     |     || || | |       ||
  p p d   p d d   p p d   p p p d   p d d d d   p d d d   p p d   p d d
  | |     |   || |       |     || ||     || || |       || |   | | | || |     ||
```

었다.

요즘 이 테스트는 학교, 인재평가센터, 임상심리학에 이르기까지 여러 곳에서 쓰인다. 9세부터 60세까지 테스트할 수 있다. d2 테스트는 비슷한 시각 자극을 얼마나 잘 구분하는지, 즉 숲보다 나무를 얼마나 잘 지각할 수 있는지 검사한다.

속도와 정확도를 동시에 측정하며, 테스트 규정상 각 열에 최대 20초를 준다. 제대로 찾으면 +, 건너뛰거나 잘못 찾으면 − 다. 원래 테스트는 열이 두 개가 아니라 열넷이고, 알파벳은 총 57개다. 대략 4~5분 걸리니, 집중력 지속성도 테스트할 수 있다.

테스트의 실행과 평가가 엄격한 표준화 기준을 따르므로, d2 결과는 서로 비교하기 좋다. 또 이 테스트는 연습으로 집중력

```
  ||   | | ||   |     || ||| ||   ||   | ||   |   | || | |     ||| | |
  d p d   p d p p p d   p d d   p p d   p d p d d   p d p d p   p p d p
  |     |     | | ||   || |   | ||     | || ||| |         | |
```

```
      |     | | | |     ||| ||     | | ||     ||   | ||     |     ||| |
  p d p d d   p d   p d p p p d   p d p d d d d d   p d p d d d d   p d p
  ||   |     || || ||     | |   | ||     |     || ||     || | |
```

을 높일 수 있음을 보여준다. 연습할수록 점수가 올라가기 때문이다.

첫 번째 열에는 줄이 두 개인 'd'가 11개 있다. 두 번째 열에는 여덟 개이다. 맞는가?

책상은
책상이 아니다

"책상을 책상이게 하는 건 뭘까요?"

조나단의 질문은 늘 수사학을 떠올리게 한다. 침묵 세미나 중이라 우리는 말로 답할 수 없지만, 그는 우리의 생각을 읽으려 하고 있다. 하지만 그는 종종 답이 없음을 보여주려 한다. 오늘 주제는 사물과 우리의 관계다. 이건 명상보단 강의에 가깝다.

우리는 눈을 뜨고 있다. 조나단이 책상을 가리켰다.

"내가 책상에서 다리 하나를 빼면, 여전히 책상일까요?"

몇몇이 고개를 끄덕였다. 다리 하나 없는 책상.

"두 개면?" 조나단이 물었다. "다리 넷을 다 빼버리면 어떨까요? 그럼 더는 책상이 아닌가요?"

이젠 많은 이가 책상이 아니라고 고개를 저었다.

그러나 조나단은 유례없이 천천히 말했다.

"그렇다면 벽에 붙은 접이식 책상은 뭘까요? 다리가 하나도 없잖아요. 그런데도 책상이죠."

조나단은 우리의 인식에 혼란을 주는 것이 책상 자체가 아님을 강조하려는 듯했다. 그의 메시지는 이 책상뿐만 아니라 세상의 모든 사물에 해당된다.

"여기 있는 이 물체는 그것을 '책상'으로 만드는 본질적인 특성을 전혀 가지고 있지 않습니다! 이는 단순히 원자들의 집합체일 뿐, 그 이상도 이하도 아닙니다. 오직 우리의 인식 속에서만 이것이 '책상'이 되는 것입니다. 우리가 그렇게 부르기 때문이죠."

난 살짝 주위를 둘러봤다. 사람들은 당황한 듯했다. 책상이 책상이 아니라고? 이 예로 조나단은 불교의 핵심 개념이자 중요한 통찰인 '공'(空) 개념을 설명했다. '공' 개념은 사물이 우리 주변에 있다는 사실을 부정하지 않는다. 다만 모든 사물이 본질적으로 우리가 보는 것과 다르다고 강조한다. 사물 그 자체는 '비어 있다'고 가르친다.

"모든 것, 정말 모든 게 원자 뭉치에 불과해요. 조금씩 다르게 뭉쳤을 뿐이죠. 자동차, 소파, 헤드폰. 위스키! 이것들은 그저 우리가 그렇게 부르니까 그런 거예요. 우리가 기능을 부여하고 가치를 매기니까 그렇게 불리는 거죠."

우리가 사물에 매기는 가치, 그게 문제라고 한다. 우리는 그 자의적 가치 위에 좋고 나쁨이라는 이분법적 판단을 덧씌운다. 이런 과정을 거쳐 우리는 갖지 못한 걸 바라고, 이미 가진 다른 것으로는 만족하지 못하게 된다. 꼬리에 꼬리를 무는 생각 대부분은 이러한 욕구나 거부감을 중심으로 이어진다. "이런 생각에서 벗어나지 못하는 한, 여러분은 아무것에도 집중할 수 없을 거예요."

조나단이 책상에 대해 전한 통찰이 이런 생각에서 벗어나는 데 도움이 된다. 어떤 사물도 그 자체로 욕망하거나 거부할 만한 것을 갖지 않았다. 그런 특성은 우리 머릿속에서 생긴다.

"그리고 우리 머리는 그걸 끝없이 확장해요."

불교가 추구하는 이상은 인간의 인지적 한계를 초월한 절대적 평정심이다. 모든 것에 대한 초연. 그러면 어떤 것도 특별히 욕망을 부르지 않고, 어떤 것도 특별히 거부감을 주지 않는다.

"이해하기 어렵죠?" 조나단이 물었다.

의문과 회의로 가득 찬 눈빛들이 교차했다.

"좋아요, 예를 하나 들어볼까요?"

조나단은 오른쪽 바지 주머니에서 하얀 종잇조각을, 왼쪽 주머니에서 20달러짜리 지폐를 꺼냈다. 그가 두 종이를 머리 위로 들어 나란히 보이게 했다.

"종이 두 종류가 있어요. 우리에겐 하나가 다른 것보다 더 가치 있죠. 정확히 어디에서… 이 가치의 차이가 발생할까요?"

13 │ 배

집중력을
높이는 식단

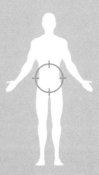

머리가 막힐 때는
배의 지혜를 빌린다

어떤 글가자 빈에칸 맞까을?

___나무 & 판다

___나무 & 솔방울

똑같이 '___나무'이지만, 한 곳에는 '대'가 들어가야 하고, 한 곳에는 '소'가 들어가야 한다는 것을 우리는 즉시 알아차린다. 글자가 엉망진창 섞여도 질문 내용을 바로 이해했다. 그 이유는 우리 뇌가 지각심리학의 '상향식'과 '하향식' 정보처리를 동시에 수행하기 때문이다.

상향식 과정은 각 정보를 따로따로 본다. '___나무'의 빈칸에 맞는 글자를 찾기 위해, 상향식 과정은 글자를 하나씩 대입해 가며 정답을 찾는다. 그리고 어떤 글자를 넣어야 맞는 단어가 되는지 알아내려고, 자물쇠 비밀번호 푸는 것처럼 모든 조합을 시도해

본다. 시간이 오래 걸린다.

하향식 과정이 함께했기에 우리는 이 문제를 더 빨리 풀었다. 하향식 과정은 기존 지식과 맥락으로 답의 범위를 좁힌다. 그래서 우리가 원하는 집중이 이뤄진다. 이 집중이 옳은 길로 이끈다.

하지만 답을 찾을 때 집중이 오히려 방해가 될 수도 있다. 기발한 접근법이 필요할 때는 집중이 오히려 시야를 좁게 만든다. '고정된 생각'은 답이 코앞에 있어도 보지 못하게 한다. 게슈탈트 심리학자 칼 둔커Karl Duncker가 제기한 유명한 "양초 문제"가 이를 잘 보여준다. 실험 참가자들에게 양초, 성냥 한 갑, 압정 상자를 주고, 양초를 벽에 붙인 뒤 불을 붙이라고 했다. 많은 이들이 양초를 압정이나 녹인 촛농으로 고정하려 했다. 그들에겐 압정 상자가 그저 압정 담는 통에 불과했다. 극소수만이 압정 상자를 비워 압정으로 벽에 고정하고 그 안에 양초를 세웠다.

집중이 잘 안 될 때는 차라리 집중을 포기하는 게 도움이 될 수 있다. 한눈팔기가 새로운 자극을 찾아준다. 쉬기, 산책하기, 하룻밤 자고 나기, 장소 바꾸기, 다른 일에 몰두하기 등등. 그러면 비유적으로 말해 생각이 "머리에서 배로" 내려간다. 배는 직관의 자리다. 집중이 사라진 무의식의 자리. 우리는 머리로 풀 수 없는 문제를 배에 맡긴다.

이렇게 배에 문제를 맡기는 단계를 심리학에선 '인큐베이션' 또는 '부화'라고 부른다. 집중된 머리에서 문제를 꺼내 배로 내려보내면, 시야가 넓어질 수 있다. 그리고 집중 상태에서 놓치고 지나간 답이 알을 깨고 나오기도 한다.

브레인스토밍,
첫 번째 시도

"모든 사람이 더 집중해서 일하도록 하려면 무엇을 발명해야 할까?"

[지금 떠오른 아이디어와 그 아이디어를 생각해내는 데 얼마나 걸렸는지 기억해두어라.]

에피타이저
올리브 오일을 뿌린, 시금치-아스파라거스 쿠키

메인 요리
연어 또는 브로콜리를 곁들인 코코넛-캐슈넛 카레

디저트
블루베리-호두 크럼블과 녹차 파르페

이런 코스요리는 식당에서 '브레인푸드 디너'라는 이름으로, 그에 걸맞은 가격에 팔릴 수 있을 것이다. 브레인푸드는 메뉴판뿐만 아니라 학술 논문에서도 찾아볼 수 있다. 어떤 음식이 정신 능력을 강화할까? 식당이 추천 메뉴를 기꺼이 안내판에 적어놓듯, 다양한 연구 결과는 이 질문에 과학적 해답을 제시하려 한다.

이 질문은 이미 오랫동안 연구되어 왔다. 인간은 사고할 수 있게 된 이후로 배와 머리의 관계, 음식과 사고의 관계에 몰두해왔다. 예를 들어 1699년, 의사 카스파르 아벨Caspar Abel은 『경험 많은 학생 주치의Wohlerfahrner Leib-Medicus der Studenten』라는 책을 냈다. 아벨은 이 책에서 "학생을 위한 식단"을 상세히 설명했다. 세부적인 영양 섭취 지침이 신체와 정신 건강을 보장하고, 편도선 부종이나 "기억력 저하, 머리가 무겁고 시력이 나빠지는 증상"도 예방할 수 있다고 했다. 이 책에는 "학생을 위한 최고의 영양식" 레시피도 포함되어 있는데, 여기에는 각설탕, 육두구, 회향, 아니스 등 16가지 재료가 들어간다.

250년이 지난 지금도 우리는 '학생 영양식'을 애용한다. 다만 우리는 그것을 직접 만들지 않는데, 마트 진열대에서 손쉽게 구할 수 있기 때문이다. 각종 견과류, 아몬드, 건포도 혼합이 두뇌의 원활한 활동과 집중력 향상을 약속한다.

'학생 영양식'이라는 이름에는 두뇌에 좋다는 본래의 의미가 담겨 있지 않다. 예전에는 부유층만 먹을 수 있었던 비싼 아몬드 때문에, 사람들은 '학생 영양식'을 '학생 고급 간식'이라고 불렀다. 『경험 많은 학생 주치의』에서도 "돈이 없다면, 탐내지 마라"라고 조언했다. 그림 형제의 『독일어 사전 *Deutsche Wörterbuch*』은 학생 영양식을 설명하면서, "아몬드가 숙취 해소제로도 쓰였다"라고 덧붙였다. 즉, 학생 영양식은 원래 부자들의 숙취 해소제였던 셈이다. 아몬드가 사고력을 높인다는 평판은 최근에야 생겼다.

그런데 정말 아몬드가 사고력을 높일까? 안타깝게도 브레인푸드 연구는 연구 결과들이 입증하는 것보다 훨씬 까다롭다. 첫째, 자연식품은 '단일' 영양소만 포함하지 않는다. 사과 한 입으로 우리는 수분, 구리, 비타민 K 등 70여 가지 영양소를 섭취한다. 둘째, 인간은 유전자, 체질, 생활 습관 등 개인차가 크다. X라는 사람이 사과를 한 입 먹고 집중력이 좋아졌다면, 정확히 무엇 때문인지 확인하기 어렵고, 다음 날 Z라는 사람이 다른 사과를 먹어도 같은 효과가 있을지 확신할 수 없다.

그래서 연구는 대부분 동물을 대상으로 이뤄진다. 동물은 실험 조건을 맞추기 쉽기 때문이다. 쥐가 가장 많이 쓰인다. 하지만 동물 실험 결과를 자연 상태의 인간에게 그대로 적용할 수는 없다.

그럼에도 몇 가지 사실은 분명하다. 뇌는 까다로운 기관이다. 뇌는 에너지를 많이 쓴다. 하지만 뇌는 스스로 돕는 법을 알고 신체 에너지를 관리한다. 우리가 굶어도 뇌는 일을 멈추지 않는다. 다른 기관은 활동을 줄일 수 있어도, 뇌는 그렇지 않다. 적어도 굶어 죽기 직전까지는 말이다. 오히려 배고픔이 뇌를 돕는다. 뇌는 비상사태를 알아채고 조정에 나선다. 저혈당이 갑자기 집중력을 높이진 않지만, 배고픈 상태가 신경 연결을 촉진하는 듯하다. 가끔 배고픈 시간이 있는 게 장기적으로 뇌에 이롭다.

뇌는 막대한 에너지 수요를 주로 글루코스로 충당한다. 하지만 포도당, 꿀, 과자, 단 음료에 들어 있는 이른바 '단당류'는 혈당을 너무 급격히 높인다. 갑작스러운 설탕 범람으로 뇌가 할 수 있는 일은 많지 않다. 복합적이고 천천히 흡수되는 탄수화물인 '다당류'가 더 낫다. 더 오래 쓸 수 있기 때문이다. 다당류는 통밀 제품, 감자, 채소에 들어 있다.

'학생 영양식'에 들어가는 건포도는 중간쯤이다. 흰 빵보다는 낫지만 렌즈콩보다는 못하다. 하지만 렌즈콩은 맛이 없다.

과학은 아마도 오메가-3 지방산을 가장 먼저 뇌 영양소로 인정할 것이다. 오메가-3 지방산이 풍부한 식품은 많다. 참치, 연어, 고등어 같은 기름진 생선, 아몬드, 호두 등의 견과류, 올리브유, 시금치, 브로콜리 등의 채소, 메주콩, 두부… 카레 재료인 강황과 녹차, 블루베리에 들어 있는 플라보노이드도 기억력에 좋은 영향을 미친다. 21세기 연구에 따르면, 이런 식품들은 적어도 몸에 해롭지는 않다고 한다.

하지만 100년 후에는 뭐라고 할지, 누가 알겠는가!

브레인스토밍,
두 번째 시도

"모든 사람이 더 집중해서 일하도록 하려면 무엇을 발명해야 할까?"

[종이, 연필, 스톱워치를 준비하라. 처음 떠오른 아홉 가지 아이디어를 3분 안에 적어라. 목록에서 최고의 아이디어를 골라라.]

당신의 브레인스토밍은 언제 더 잘 진행됐나? 첫 번째일까, 두 번째일까? 즉, 어떤 방식이 당신의 창의성을 더 효과적으로 끌어냈는가? 뮤즈의 입맞춤일까, 집중된 과정일까?

아이디어가 신이나 뮤즈 같은 외부에서 오므로, 떠오를 때까지 기다려야 한다는 생각은 고대에 생겼다. 요즘 많은 사람이 창의력을 배나 내면과 연결 짓지만, 결국 같은 뜻이다. '배에서' 영감의 불씨가 우연히 튄다. 여전히 뮤즈의 입맞춤이라는 낭만적 상상이 남아 있다. 천재는 풀밭에 누워 졸고, 생각은 자유롭게 떠돈다. 흘러가는 생각 속에서 언젠가 아이디어가 떠오른다.

혹은, 아무 아이디어도 떠오르지 않는다. 가령 소설을 쓰려는 많은 이들이 불씨가 될 아이디어만을 기다린다. 혁명적 사업 모델로 세상을 뒤집으려는 사람들이 불씨가 될 아이디어만을 기다린다. 인생이 전혀 다른 방향으로 열릴 거라 믿는 사람들이 그저 불씨가 될 아이디어만을 기다린다. 배가 알려줄 거고, 배가 간질거릴 테고, 그 순간이 왔음을 똑똑히 알게 될 거라 기대하면서.

디자이너, 극작가, 기업가, 광고 카피라이터 등 창의성으로 먹고사는 사람은 그런 식으로 일할 수 없다. 그랬다간 수십 년 뒤에도 여전히 배에 귀 기울이며 특별한 최고 아이디어가 떠오기를 기다리고, 풀밭에 누워 졸고 있을 테니까. 창의력으로 생계를 잇는 사람은 업무가 끝나기 전까지 메모장에 결과를 적어 내야 한다(때론 몇 분 안에).

그래서 직업적 창의성은 뮤즈의 입맞춤과는 전혀 다르다. 차이점은 바로 집중이다. 직업적으로 아이디어를 내는 것은, 다른 일과 마찬가지로 정해진 시간 안에 구성하고 집중하는 작업이다. "어떤 글자가 빈칸에 맞을까?" 같은 구체적 문제는 때로 배가 더 잘 풀기도 한다. 브레인스토밍 때, 배의 막연함을 보완해주는 건 집중이다. 처음 떠오른 아홉 가지 아이디어를 적어 내는 것은 창의성에 집중력을 더하는 검증된 기술이다.

내가 '나'라는 사실을
어떻게 확신하죠?

"마리아, 하칸, 안나, 미하엘."

조나단이 단조로운 목소리로 이름을 부르다 잠시 멈추고 몇몇 사람의 얼굴을 확인했다. 마치 사진을 보며 우리 이름을 외우는 것처럼.

그러고는 우리를 둘러보며 날카롭게 물었다. "여러분이 여러분이라는 걸 어떻게 아시나요? 미하엘을 미하엘답게 만드는 본질은 무엇이며, 안나를 안나답게 하는 것은 무엇일까요?"

침묵 세미나 막바지부터 조나단은 불교의 큰 주제를 다루기 시작했다. 그가 늘 강조했듯, 물론 우리 일상생활을 개선하기 위해서다. 우리를 불교도로 만들려는 게 절대 아니다. 어제는 '공' 개념을 시작했다. 책상 자체로는 책상이 아니라, 물질의 그런 조합을 우리가 의식적으로 '책상'이라 부르기에 책상인 거라고 했다. 오늘은 그다음 단계로, 이번엔 책상이 아닌 우리 자신이다.

"마리아를 마리아답게 만드는 건 정확히 뭘까요?"

불교는 마리아, 하칸, 안나, 미하엘 그리고 '자아' 또한 그저 정신적 개념일 뿐이라고 가르친다.

조나단이 말했다. "냉정하게 보면, 우리 각자는 두 가지 요소의 조합입니다. 물리적 실체인 육체와 추상적 실재인 의식이라는 두 요소."

육체는 책상처럼 물질의 집합체다. 살, 뼈, 피부, 신경세포…. 그럼 의식은? 지각, 생각, 감정의 종잡을 수 없는 흐름이다. 의식의 흐름은 매우 변화무쌍하다. 화학적 전기적 과정이 몸을 가로질러 흐른다. 그리고 의식의 흐름은 끊임없이 변하고, 우리는 그걸 거의 통제하지 못한다. 어쩌면 이것이 우리가 이곳 히말라야까지 찾아온 근본적인 이유일지도 모른다. 조합 자체도 일시적이다. 우리가 죽으면 그건 끝이다. 기독교 같은 종교는 영혼이 육체보다 더 오래 산다고 믿는다. 불교는 의식이 죽음 이후 일종의 새 출발로 다른 육체와 연결된다고 가르친다.

"그럼에도 우리는 우리 자신과 다른 이들을 확고히 실존하는 인격체로 봅니다."

조나단이 잠시 멈췄다. 우리의 침묵이 한층 더 깊어지며, 불편할 정도로 공기가 무거워졌다. 우리가 그저 가상현실 속에 있다는 말인가?

"걱정 마세요." 조나단이 재빨리 말했다. "여러분이 존재하지 않는다는 뜻이 아닙니다. 여러분은 지금 여기 앉아 있잖아요! 내게 보입니다."

그렇다. 나도 내가 보인다.

조나단이 신중하게 천천히 말했다. "하지만 이 모든 것이 본질적으로 무상한 현상임에도 우리는 '자아'를 매우 소중히게 여깁니다."

그러고는 조나단이 웃었고, 그 웃음에선 안도감이 느껴졌다.

집에 와서, 나는 이 주제를 더 자세히 조사했다. 불교의 '아나타' 원리, 즉 '무아(無我)'는 변하지 않는 고정된 자아는 없다는 뜻이다. 거기서 파생된 어설픈 독단들이 철학, 심리학, 신경과학이 몰두하는 '자아'라는 주제 주변을 맴돈다. 그들은 오래전부터 탐정의 열정으로 '자아'를 수색해왔다. 하지만 이 '자아'는 수줍음 많은 존재다. 위치를 특정 짓기가 쉽지 않다.

1886년, 물리학자이자 철학자인 에른스트 마흐는 자신의 '원소 이론'을 설명하며 "자아는 구제 불능이다"라고 단언했다. 그는 자아를 단순히 "육체와 연결된 기억, 기분, 감정의 복합체"로 간주했다. 이는 철학적으로 다음과 같은 질문으로 귀결된다. "우리가 의식이라 부르는 것 중 뇌 밖에서 일어나는 현상이 있을까?

만약 있다면 그것은 어디에 존재하는가? 만약 없다면, 현재의 연구 결과로 볼 때 의식은 뇌의 전기화학적 작용으로 환원될 수 있는가?"

사실 연구자들은 신체 감각, 감정, 자전적 기억, 도덕적 성찰과 관련된 활동을, 특정 뇌 영역의 혈류 증가로 위치를 찾아낼 수 있다. 가령 '자기 자신'에 대해 생각하거나 이야기하면, 늘 비슷한 뇌 부위가 활성화된다. 하지만 이런 전기화학적 과정이 어떻게 구체적인 생각과 감정을 만들어낼까?

놀랍게도 과학은 아직까지 그에 대해 아는 바가 거의 없다. 과학이 밝혀냈듯, 무려 800억 개에 달하는 뇌 신경세포에서 아주 복잡한 반응들이 일어난다. 이는 한편으로는 자연의 기적이다. 하지만 다른 한편으로는, 순수하게 생화학적인 과정만으로는 우리가 밤낮으로 붙들고 씨름하는 자아에 대한 고민을 설명하지 못한다.

조나단은 여기서 한 걸음 더 나아가고자 했다. "과도한 '자아'는 우리를 미치게 만듭니다. 우리 생각을 채찍질하고, 두려움, 슬픔, 희망, 욕망을 만들어냅니다. 미칠 듯이 끈질기게 우리의 집중을 방해합니다."

불교든, 철학이든, 심리학이든, 뇌과학이든 간에, '자아'에 대해 깊이 생각하기 시작하면 의문이 생긴다. 그것도 복잡한 의문들이다. 하지만 바로 그런 질문들이 자아의 중요성을 낮추어 마음의 평안을 줄 수도 있다. 어쩌면 우리 자아에 대해서도 책상이나 다른 사물들처럼 말할 수 있을지 모른다. 우리는 자기 자신을 과대평가한다. 아나타에 대한 성찰은 자신의 민감함, 에고와 에고의 끝없는 평가, 욕구, 걱정 등으로부터 좀 더 자유로워지는 데 도움이 될 수 있다.

조나단이 말했다. "이러한 깨달음은 현재의 순간에 온전히 집중할 수 있는 새로운 차원의 문을 열어줄 것입니다."

제3부

균형과 조화로운 삶

일상에서 되찾아오는 집중력

14 │ 배꼽

충동
제어하기

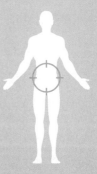

관찰자 시점으로
바라보기

서기 67년 어느 날 오전 10시. 철학자 아그리피누스가 운동을 시작했다. 운동을 마치면 매일 하는 의식인 찬물 목욕을 할 참이었다. 그때 그를 피고로 한 재판이 원로원에서 열리고 있다는 소식이 전해졌다. 그는 네로 황제에 대한 반역 혐의로 기소된 상태였다.

"그렇군!" 그가 전령에게 말했다. "지금은 10시니, 자, 가서 체조나 하세."

체조 후에 전령이 말했다. "판결이 났습니다."

"추방인가, 사형인가?" 아그리피누스가 물었다.

"추방입니다."

"내 재산은?"

"몰수되지 않았습니다."

"그럼 아프리카로 가서 아침을 먹기로 하지."

체조, 목욕, 아침 식사… 그의 일상은 변함없었다. 아그리피누스는 목숨이 걸린 재판을 앞두고도, 추방 선고에도 흔들리지 않고 자신의 계획을 실천했다. 그의 집중은 방해받지 않았다.

아그리피누스는 기원전 301년 키티온의 제논이 세운 스토아학파의 철학자이다. 스토아학파는 "희로애락의 감정에 휘둘리지 않는 절대적 평정심"을 전파했다. 아그리피누스의 흔들림 없는 아침 루틴은 현대 심리학의 '충동 제어', 즉 지금 당장 무언가를 해야 하거나 갖고 싶어 하는 즉흥적 욕구를 제어하는 것의 인상적인 사례로 꼽힌다.

심리학자 월터 미셸이 그의 유명한 마시멜로 실험으로 보여주었듯, 충동 제어는 쉽지 않다. 미셸은 1970년 스탠퍼드대학에서 미취학 아동을 마시멜로 앞에 앉히고 선택하게 했다. "마시멜로 하나를 당장 먹을 수도 있고, 15분을 기다렸다가 두 개를 먹을 수 있어. 어느 쪽을 고를래?" 어떤 아이들은 먹고 싶은 유혹을 이겨내고 보상으로 두 개를 먹기 위해 눈을 감거나 딴 데를 쳐다보았다. 하지만 어떤 아이들은 2분도 못 견디고 마시멜로를 집어 들었다.

미셸은 수십 년 후 다시 피험자들의 삶을 조사했다. 어릴 때 기다린 사람은 학교와 대학에서 더 잘 해냈고, 스트레스에 더 잘 견디며 쉽게 좌절하지 않았고, 자의식이 더 높고 심리적으로 더 안정적이었다. 하지만 이 장기 연구는 지금 비판받고 있는데, 스탠퍼드대학 출신의 고학력 가정 자녀들만 관찰했기 때문이다. 그런 특수한 환경의 실험 결과로는 일반적인 사회 현상으로 확대 해석하기에는 한계가 있다.

하지만 어쨌든 미셸은 훗날의 장기적 효과보다는 충동 제어를 자신에게 유익하게 활용하는 법에 더 관심이 있었다. 충동 제어는 도움이 된다. 욕구에 즉시 굴복하지 않고 충동을 제어하면 보상 포기가 아니라 보상 증대가 뒤따랐기 때문이다. 그래서 충동 제어는 '보상 지연'으로도 알려져 있다.

미셸은 이를 뇌의 두 체계 간 경쟁, 즉 '뜨거운 충동 시스템'과 '차가운 억제 시스템'의 경쟁으로 그렸다. 뜨거운 시스템은 감정적이고 충동적이며, 요즘엔 뇌의 고리 모양 영역인 소위 변연계 기능과 연결된다. 차가운 시스템은 계획하고 숙고한다. 이 시스템에선 특히 대뇌피질의 전두엽에서 가장 발달한 전전두엽이 중요한 역할을 한다. 미셸이 말했듯, 그것이 "우리의 아주 개인적인 약점"으로부터 우리를 보호한다.

집중을 방해하는 산만함도 그런 '약점'에 속한다. 당장 스마트폰을 보고 싶고, 당장 냉장고로 가고 싶고, 당장 담배 한 대 피우고 싶고, 당장 동료와 수다 떨고 싶은 충동 말이다.

충동 제어는 모든 집중의 토대이다. '평온할' 때는 대부분 자신의 충동 제어 능력을 너무 높게 평가하고, 주의가 산만해지지 않으리라 확신한다. 하지만 충동과 함께 유혹이 닥치면, 갑자기 모든 게 생각보다 훨씬 더 어려워진다.

하지만 미셸은 충동 제어를 연습할 수 있다고 믿었다. 이를 위해 그는 창의적 접근법을 개발했다. 바로 "배꼽에서 떨어지기"이다. 미셸은 피험자들에게 요청했다. "마치 벽에 앉은 파리가 된 것처럼 객관적으로 자신을 관찰해보세요." 이 훈련 후 피험자들은 실제로 자기 충동을 다르게 표현했고, 상황에 맞게 더 차분하게 충동을 분류했다.

"난 지금 당장 뉴스 사이트를 봐야 해"가 "뉴스 사이트를 보고 싶은 사람이 여기 앉아 있네"로 바뀐다. 첫 번째 문장보다 두 번째 문장에 다음 내용을 추가하기가 훨씬 쉽다. "30분 뒤, 어쩌면 더 시간이 흐른 뒤, 자기 일을 다 마친 다음에 뉴스를 볼 거야." 벽에 앉은 파리의 시선으로 바라보는 것이 집중을 흐트러뜨리는 자기 중심적 사고에서 빠져나오는 데 도움이 된다. 생각으로 충동과 거리를 두는 데 성공하면, 충동에 노출되지 않는다.

관심이 화폐로
통하는 세계

1980년대 토요일 밤 TV쇼 관객석 맨 앞줄에 앉아, 사회자와 몇 마디라도 주고받은 사람의 얼굴은 다음 날 전국에 알려졌다. 전국 일간지에 투고한 사람의 이름은 수십만, 때로는 수백만 명의 아침 식탁에서 회자되었다. 미디어로 대중에게 알려지는 방법은 효과적이었지만, 그걸 해낼 수 있는 사람은 소수였고, 넘어야 할 장벽도 높았다. 몇몇은 유명해지길 꿈꿨지만, 거의 이룰 수 없는 헛된 소망, 공상에 가까웠다.

하지만 디지털화가 장벽을 허물었다. 인터넷 덕분에 누구나 자신의 글, 사진, 영상, 음악을 전 세계에 발표할 수 있게 됐다. TV 프로그램 수가 급증했고 일반인을 위한 공간이 늘어났다. 오디션 프로그램에선 도전자들이 시청자에게 자신을 소개하는 코너가 마련됐다. 자기 배꼽을 혼자 보는 게 아니라 이제 세상이 보게 내놓을 수 있게 된 것이다.

1980년대 토요일 밤 TV쇼 사회자만큼 엄청나게 유명한 사람은 오늘날 드문 존재다. 대신 셀 수 없이 많은 사람이 조금씩 유명하다. 이제 유명해지는 것은 특정 계층이 아닌, 누구나 꿈꿀 수 있는 가능성이 되었다. 나이와 직업에 상관없이 모든 이에게 '유명세'는 현실적인 목표가 된 것이다.

새로운 가능성은 새로운 측정법을 낳았다. 현대 사회에서는 우리가 주고받는 모든 형태의 관심이 정확한 수치로 계량화된다. 팔로워, 좋아요, 리트윗, 그 밖의 반응이 숫자로 표시된다. 우리가 받는 관심이 화폐가 됐다. 몇몇은 그걸로 생활비를 벌고, 어떤 이는 거기서 자존감을 얻는다.

도시계획가이자 소프트웨어개발자 게오르크 프랑크^{Georg Franck}

가 자신의 책『관심의 경제*Ökonomie der Aufmerksamkeit*』에서 이렇게 표현했다. "우리가 타인에게 주는 관심은 우리가 받는 관심의 양에 비례한다. 이는 마치 사회적 관심도를 측정하는 일종의 회계 시스템이 존재하는 것과 같다." 관심은 "가장 저항할 수 없는 마약"이고, 그 중독성은 "권력과 부의 중독성보다 더 강렬하다"고 1998년 프랑크는 썼다. 각 가정에 인터넷이 한창 보급되던 시기였다.

이런 자극과 경로가 오늘날 19, 20세기에 비해 몇 배로 늘었다. 하지만 집중력을 제대로 다스리고 삶의 요구에 부응해야 한다는 고민거리는 예나 지금이나 여전하다. 거기에 점점 커지는 두 번째 걱정이 더해졌다. 충분히 관심받지 못하면 어쩌지 하는 걱정. 그래서 오늘날은 두 배로 노력해야 한다. 다른 사람의 집중력을 자신에게 끌어오는 일에도 집중력이 필요하기 때문이다. 하지만 뇌의 자원은 19세기나 마찬가지로 제한돼 있는 것이 문제다.

집중력은 의도적인 주의력이다. 하지만 우리가 주의를 기울일 뿐 아니라 또한 주의를 받을 수 있다는 건 상대적으로 새로운 통찰이다. 19세기 중반 실험 심리학이 퍼졌을 때, 심리학자들은 실험실에서 우리가 기울이는 주의력을 연구했다. 집중력은 유한한 자원으로, 소진되면 반드시 재충전의 과정을 거쳐야 한다. 잘 알려졌듯, 집중력은 유한한 자원으로, 소진되면 반드시 재충전의 과정을 거쳐야 한다. 또 우리는 원하는 만큼 많은 자극에 동시에 집중할 수는 없다.

19세기 사람들의 근심은 노동 현장의 요구를 충족할 만큼 충분히 집중하지 못하는 거였다. 물론 그때도 다른 이의 시선을 끌려 애쓰는 인물들이 있었다. 고대 그리스 시대부터 사람들은 다른 이의 관심을 사로잡는 기술인 수사학에 열중했다. 하지만 개인적 관심을 받고 싶은 욕구나 충분한 관심을 받지 못할 것 같은 두려움은 집단적 현상이 아니었다. 19세기 사람들은 젊은이들에게 인생 목표가 '유명해지기'냐고 물어볼 생각조차 떠올리지 않았다.

타인의 시선:
우리가 착각하는 관심의 정도

베리 매닐로우는 지구에서 가장 성공한 뮤지션 중 한 명이라 할 만하다. 그는 8천만 장이 넘는 음반, CD, 다운로드를 판매했다. 그의 첫 세계적 히트곡은 1974년 31세에 부른 〈맨디〉다.

그런데 2000년 코넬대학 학생 대다수는 베리 매닐로우 사진이 프린트된 티셔츠를 분명 창피해했을 것이다. 심리학과 교수가 그런 티셔츠를 어떻게 생각하냐고 물었을 때, 그들은 실제로 창피하다고 대답했다. 베리 매닐로우는 그들 부모 세대의 우상이었고, 그들은 부모와 동일시되고 싶지 않았을 테니까.

이제 심리학과 교수가 몇몇 학생에게 배리 매닐로우 초상화가 그려진 티셔츠를 입으라고 요청했다. 그런 다음 한 명씩 어떤 방에 들어가게 했다. 그 방에선 다른 학생들이 설문지를 작성하고 있었다. 그다음 매닐로우 티셔츠를 입고 방에 들어갔던 학생에게 물었다. 방에 있던 학생 중 티셔츠에 그려진 인물이 누군지 기억하는 학생이 몇 명이나 될까?

방에서 설문지를 썼던 학생들은 문 쪽을 향해 앉아 있었으므로, 등장과 동시에 그들의 주의를 끌었던 사람과 그가 입은 티셔츠를 잘 볼 수 있었다. 그럼에도 네 명 중 단 한 명만이 베리 매닐로우를 기억했다. 반면 티셔츠를 입었던 학생은 적어도 절반이 '창피한 초상화'를 기억할 거라 예상했다. 다시 말해 다른 사람들이 자신에게 실제보다 두 배나 더 많은 관심을 가질 거라 예상한 것이다.

변형된 실험에서 학생들은 각자 편한 티셔츠를 입어도 됐다. 밥 말리(자메이카 출신의 레게 음악가로, 〈노 우먼 노 크라이〉, 〈저메인〉 등의 히트곡으로 널리 알려졌다―편집주), 제리 사인펠드(미국의 스탠드업 코미디언이자 배우로, 자신의 이름을 딴 시트콤 〈사인펠드〉로 유명세를 얻었다―편집주), 마틴 루터 킹 주니어. 이때 피험자들은 다른 사람이 그들에게 보낼 관심을 무려 다섯 배나 높게 예상했다.

심리학은 이 현상을 '스포트라이트 효과'라고 부른다. 우리는 다른 사람이 우리에게 쏟는 관심과 집중의 강도를 과대평가한다는 것이다. 이것은 뇌의 작동 방식 때문이다. 자신의 배꼽을 중심에 두는 것을 전문 용어로 "자기중심주의"라고 일컫는다. 우리는 많은 시간을 자신에게 집중하므로, 그래서 다른 이들도 똑같이 자기에게 집중한다고 생각한다. 하지만 다른 사람들 역시 대부분 자신에게 몰두할 뿐이다. 베리 매닐로우는 〈맨디〉에서 "당신은 와서, 받는 것 없이 주기만 했네"라며 아주 기뻐했지만, 사실 다른 이들은 노래 속 '당신'과는 정반대로 행동한다.

또 다른 실험들이 스포트라이트 효과의 다른 양상을 밝혀냈다. 청중은 엉망인 연설을, 연설자가 생각하는 것보다 훨씬 덜 기억했다. 하지만 기발한 연설도 마찬가지였다. 대부분은 헤어스타일이 최악인 날, "오늘 뭔가 달라 보인다"고 알아챌 사람이 아주 많을 거라 과대평가했다. 배구선수들은 자신의 컨디션을 팀원들이 눈치챘으리라 추측했지만, 팀원들은 자기 자신에만 정신이 팔려 있었다. 게이머들은 자신의 실력이나 실수를 원하는 만큼 또는 걱정했던 만큼 상대가 알아채지 않았음을 확인했다. 스포트라이트 효과는 편안한 상황에서도 불편한 상황에서도 힘을 발휘한다.

사람들은 다른 이가 아니라 자기 자신에게 주의를 기울인다. 그러니 창피한 일이 생겼을 때 이걸 떠올린다면 안도감을 얻을 수 있다. 반대로 개인적으로 환하게 빛나는 순간에는 이런 지식이 실망스럽게 할 수 있다. 어쨌든 이 지식은 더 현실적인 세계관으로 이끈다. 이 세계관은 스포트라이트 효과를 제한하고, 사람들이 무엇보다 자기 자신에게 집중한다는 사실을 일깨운다.

15 | 피부

감각의 비밀을
풀다

디지털 시대의
새로운 감각 착오

1996년 9월 16일 월요일, 스콧 애덤스의 연재만화에서 너드 엔지니어 딜버트가 소파에 누워 말한다. "호출기가 없는데도 몸에서 호출기가 진동하는 느낌이 들어요." 정신과 의사가 대답한다. "전형적인 팬텀 호출기 증후군이에요. 엔지니어들 사이에서 흔한 증상이죠."

2012년, 미국의 심리학자 래리 로젠Larry Rosen은 이렇게 썼다.

주머니에서 휴대전화가 진동하여 확인했는데 전화가 오지도 않았고 진동이 울릴 만한 일도 없었던 적이 있는가? 그것을 팬텀진동이라고 부른다. 그런 일은 실제로 일어난다.

15년 전 만화에서 풍자로 여기며 웃어넘겼던 일이 갑자기 현실에서 '아하' 모먼트를 선사한다. 많은 이들이 이미 그런 경험을 하고 있었던 것이다.

래리 로젠이 언급한 '팬텀진동'이 얼마나 자주 나타나는지를 2년 후인 2014년 메타 연구가 밝혀냈다. 휴대전화 사용자의 최대 90퍼센트가 전화기를 주머니에 갖고 있지 않거나 전화기가 진동하지 않았는데도 진동을 느낀 적이 있다고 한다. 어떤 이는 2주에 한 번꼴로, 어떤 이는 매일 겪는다고도 했다. 이 현상은 의사와 학생들에게서 두드러지게 나타났는데, 그들의 기기가 자주 진동하며 일상에서(아마도 밤낮으로) 특히 존재감을 드러냈기 때문이다.

팬텀진동의 원인으로는 과도한 집중이 지목된다. '링사이어티'Ringxiety, 즉 벨소리를 놓칠 수 있다는 두려움에 '전화기가 진동할지도 모른다'는 생각을 항시 켜놓고 집중하게 된다. 이런 상태에서 뇌는 다른 피부 자극을 성급히 진동으로 해석한다. 예컨대 바지가 살갗에 스치는 마찰이나 근육 경련을 진동으로 받아들이는 것이다. 이는 특정 감각에 대한 과도한 집중이 유발하는 촉각 환각이다. 의학적으로 설명하자면, 전화기가 신체 일부가 되어 그것을 어딘가에 떼어놓는 것은 살아 있는 신체 부위를 절단하는 것과 같다고 느낀다.

1996년 만화 속 정신과 의사는 환자 딜버트에게 "치료법이 없다"라고 알렸다. 25년이 지난 지금도 치료 가능성은 거의 연구되지 않았는데, 그런 증상을 겪는 대부분이 딜버트와 달리 별로 고통스러워하지 않기 때문이다.

하지만 다음과 같은 시도는 도움이 될 수 있다. 진동음을 바꾸거나, 진동 알림을 끄거나, 전화기를 주머니가 아닌 다른 곳에 넣고 다니는 것이다.

우리 몸의
감각 척도

인간 피부의 촉각은 신체 부위에 따라 다르다. 감각생리학에는 "자극 공간 역치"라는 용어가 있다. 우리가 두 자극을 별개로 인식하려면 두 자극 지점 사이에 일정한 간격이 필요한데, 그 최소한의 거리를 이렇게 부른다. 어떤 역치가 어느 신체 부위에 해당할까?

1. 등   6. 손바닥
2. 손등   7. 손끝
3. 혀끝   8. 아래 팔
4. 입술   9. 이마
5. 위 팔

예전 연인들 사이에서 인기 있던 "등에 글씨 쓰기" 게임을, 촉

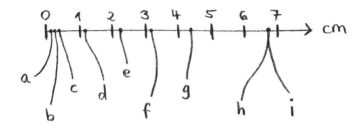

각이 신체 부위마다 다르다는 사실을 이용해 감각 인지력을 향상시키는 집중력 게임으로 확장할 수 있다. 손가락으로 신체 곳곳에 글자를 쓰고 맞히는 것이다. 공간 확보를 위해 주로 등을 사용한다.

그러나 등에는 촉각 세포(다양한 학술 용어로는 마이스너 소체, 메르켈 세포, 파치니 소체)가 가장 적다. 등에서는 약 7센티미터 간격을 두어야 두 지점의 자극을 구분할 수 있다.

손등(자극 공간 역치: 약 3센티미터)과 손바닥(자극 공간 역치: 약 1센티미터)이 더 민감하다. 감각 수용체가 가장 밀집된 부위는 입술(4.5밀리미터), 손끝(2.3밀리미터), 혀끝(1.1밀리미터)이다. 따라서 다양한 가능성과 난도로 게임을 만들어볼 수 있다.

게임 파트너가 없어도 누구나 피부 감각에 몰두하며 다양한 강도를 느낄 수 있다. 종이 클립을 편 뒤 양 끝이 2센티미터 정도 벌어지게 구부린다. 클립의 양 끝을 손바닥 시작점에 대고 눈을 감은 채 클립으로 손바닥을 긁으며 천천히 어깨 쪽으로 움직인다.

손목을 지나 아래팔, 팔꿈치를 거쳐 어깨까지 가 본다.

어느 부위에서 두 점의 감각이 하나로 합쳐졌나?

과학에서도 '자극 공간 역치'를 조사할 때 이와 거의 비슷한 방식을 사용한다. 다만 종이 클립 대신 컴퍼스를 쓰는데, 세우기가 더 쉽고 벌어진 간격을 자로 확인할 수 있어서다. 이를 '촉각 컴퍼스'라고 부른다.

피부로 드러나는 진실: 거짓말을 하려면 똑똑해야 하는 이유

'피부전도'란 피부의 전기 전도성이 계속 달라지는 과정을 뜻한다. 쉽게 말해, 땀을 흘린다는 의미다. 피부가 습해지면 저항력이 떨어지고, 이때 온몸에 전류가 더 잘 흐르게 된다. 이 전도성은 측정 가능하며, 단위는 지멘스를 사용한다. 사람의 경우 전도성을 재기 위해 한 손의 두 손가락에 전극을 부착하고 약한 전류를 흘려보낸다.

이런 전극은 그리스어로 '다작(多作) 작가'를 뜻하는 '폴리그래프'라는 기기의 일부이다. 폴리그래프는 피부 저항력 곡선뿐만 아니라, 팔에 감는 장치로 혈압을, 가슴띠로 호흡을, 다른 센서들로 심장박동과 체온까지 측정한다. 이 기계는 흔히 '거짓말탐지기'로 알려져 있다.

피부 전도를 통해 거짓말 여부를 탐지할 수 있는 이유는 땀샘이 우리 의지가 아닌 자율신경계의 조종을 받기 때문이다. 땀 흘리는 것은 스트레스의 신호이며, 거짓말이 스트레스를 유발하는 이유는 단순하다. 거짓말은 진실보다 더 많은 집중력을 요구하기 때문이다. 거짓말은 고차원적 인지능력이라 할 수 있다. 철학자 프리드리히 니체는 "거짓말을 못 하는 사람은 무엇이 진실인지 모른다"라고 말했다.

다시 말해, 거짓말쟁이는 먼저 진실에 집중해 세부 사항을 파악하고 기억해야 한다. 즉, 사실성에 주의를 기울여야 하는 것이다. 거짓말쟁이는 사람마다 세상의 다른 부분을 인식하고 아는 바가 다르다는 점을 이용한다. 거짓말을 하려면 자신이 아는 것과 상대방이 아는 것을 구분할 줄 알아야 한다. 자기 머릿속에서 일어나는 일에만 몰두하지 말고 다른 이의 생각도 함께 고려해야 하는 것이다.

인간은 이런 능력을 대략 네 살 무렵에야 갖추게 된다. 그래서 "아이의 입은 (아직) 진실을 말한다"라는 속담이 있는 것이다. (또한 잘 알려진 것처럼, 취중진담을 믿는 경향이 있다.)

"막시와 초콜릿" 실험으로 아이의 발달 수준을 가늠해볼 수 있다. 아이에게 다음과 같은 상황을 들려준다. "막시가 초콜릿을 1번 상자에 넣어두고 방을 나갔어. 그러던 중 막시 엄마가 들어와

1번 상자의 초콜릿을 2번 상자로 옮겼어. 이제 막시가 초콜릿을 먹으러 돌아왔어. 막시는 어느 상자를 열어볼까?"

아이가 '2번 상자'라고 답한다면, 아직 모든 사람이 같은 지식을 가진 게 아님을 모르는 것이다. 따라서 이 아이에겐 "거짓말할 능력이 없다"고 볼 수 있다.

거짓말의 범위와 복잡성이 커질수록 조작된 사실의 세부 사항에 더 집중해야 한다. 단어, 목소리, 몸짓, 남기거나 지운 흔적 등 아주 사소한 실수 하나가 거짓말의 실체를 드러낼 수 있기 때문이다.

거짓말쟁이의 집중력을 보여주는 대표적인 사례로 사기꾼 빅토르 루스티히의 '에펠탑 사기 사건'을 들 수 있다. 루스티히는 1925년 5월, 파리 신문에서 1889년 세계박람회 이후 시민들에게 골칫거리가 된 낡은 에펠탑에 관한 기사를 읽었다. 그는 우편통신부 부국장을 사칭해 에펠탑을 매물로 내놓았다. 고철상들과 현장을 둘러보고 호화로운 드크리용 호텔에서 은밀히 협상을 진행했다. 그중 유망한 사업가 앙드레 푸아송을 골라 거래를 성사시키고자 했다.

루스티히는 상황 전개를 예의주시하며, 푸아송의 아내가 의심을 품고 남편을 불안하게 만든다는 사실을 알아챘다. 그래서 전술을 바꿨다. 다음 협상에서 그는 공무원의 보잘것없는 봉급을 힐끗 내비쳤다. 푸아송은 그것을 뇌물 요구로 받아들이고, 루스티히의 예상대로 에펠탑 매각을 그대로 믿게 되었다. 푸아송은 걱정을 떨쳐내고 구매에 동의했다. 나중에 그는 창피해서 이 사기 사건을 경찰에 신고하지 않았고, 루스티히는 에펠탑을 또다시 팔려 했다. 하지만 이번엔 상대방 또한 집중력을 발휘해 사기를 간파해냈다.

거짓말(과 그 발각)은 진실, 환상 그리고 서로 다른 시간과 공간에서 이뤄지는 끊임없는 줄타기와도 같다. 이는 선의의 거짓말에도 적용된다. 예를 들어 유렉 베커의 소설 『거짓말쟁이 야콥*Jakob der Lügner*』에서 유대인 게토에 갇힌 주인공 야콥 하임은 생명을 구하기 위해 거짓말을 한다. 그는 라디오를 갖고 있다고 거짓말하며, 러시아군이 곧 와서 사람들을 구출할 거라는 소식을 들었다고 전한다. 이 이야기는 사람들에게 희망을 주고 자살 물결을 막는다. 하지만 야콥은 이제 계속 새로운 소식을 만들어내는 한편, 없는 라디오 때문에 죽임 당하지 않도록 조심해야만 했다.

'사회적 윤활유'라 불리는 사교적 거짓말도 집중력을 요한다. "헤어스타일 멋지네!"라고 거짓말하는 사람은 자신의 진심을 들키지 않도록 목소리, 시선, 태도를 통제해야 한다.

거짓말탐지기의 역사는 100년이 넘는다. 현대의 탐지기는 뇌에서 직접 거짓말을 찾아낸다. 범죄 용의자에게 이른바 범행 지식, 즉 범인만 아는 정보를 제시하면 용의자의 뇌가 때로는 재인식 반응을 보인다. 이때 용의자는 동시에 겉으로 드러나는 반응을 억제해야 하는데, 이런 "숨겨진 정보 테스트"에서 MRI 촬영은 전두엽과 두정엽의 특정 부위에서 혈류가 증가함을 명확히 보여준다. 이는 고도의 집중 상태임을 눈으로 확인할 수 있게 해준다.

인류의 진화 과정에서 거짓말하는 능력은 아마도 중요한 집중력 훈련이었을 것이다. 그것이 뇌 성장의 핵심 동력이 되었고, 오늘날 우리가 살아가는 데 필수적인 장비와 능력을 선사했을 것이다.

관점이 바뀌면
자비가 가능해진다

"갓난아기, 여러분의 자녀 혹은 어미를 잃은 새끼 북극곰을 떠올려보세요."

조나단은 의미심장한 표정으로 잠시 말을 멈추었다. 그는 우리가 쉽게 자비를 베풀 수 있는 존재를 찾고 있었다. 가장 좋은 마음으로 어떤 나쁜 일도 일어나지 않기를 빌어줄 대상. 오늘 조나단은 우리를 자비 명상으로 이끈다.

"우리는 행복을 원합니다. 그런 우리를 비난할 사람이 있을까요?" 조나단이 물었다.

당연히 없다. 그럼에도 자기 자신에게 자비를 베푸는 걸 힘들어하는 사람이 많다고 조나단이 말했다. 그래서 우리는 자신이 아니라 무방비 상태의 새끼 북극곰을 떠올리며 자비 훈련을 시작했다. 어렵지 않게 1단계를 통과했다. 2단계로 친구 한 명을 떠올려야 했다.

조나단이 조용히 자비의 문장들을 읊조렸다. "안전하기를, 건강하기를, 행복하기를, 편안한 삶을 살기를, 고통과 고통의 원인에서 자유롭기를 빕니다."

"이제 3단계입니다." 조나단이 말했다.

새끼 북극곰과 친구 다음에야 비로소 우리는 자신을 생각하고, 자기 자신에게 행복을 빈다. 이것을 해내는 사람만이 4단계로 나아갈 수 있다. 4단계에서는 중립적인 타인에게 주의를 기울인다. 다른 참가자, 길에서 마주치는 행인, 마트 직원, 지금까지 전혀 관심을 쏟지 않았던 사람들에게.

"이제 여러분이 싫어하는 누군가를 떠올리세요!"

이 불쾌한 인물에게도 우리는 자비를 베풀어야 한다. 내가 싫어하고 나를 좋아하지 않는 사람에게 좋은 일을 빌어주는 게 약간 재미있게 느껴졌다. 도전하는 기분이 들었다. 그 사람이 이 사실을 안다면 어떤 기분일까? 그리고 어차피 그 사람은 나의 자비를 거부할 수 없다.

"오늘의 낯선 사람이 내일은 우리의 적일 수 있어요. 그리고 모레는 우리의 친구일 수 있습니다. 같은 사람이! 어떤 사람의 특성이 그를 낯선 사람, 친구 혹은 적으로 만들지 않습니다. 그건 전적으로 우리가 그 사람을 보는 관점에 달려 있죠. 그런 의미에서 우리는 모두 다르지 않습니다."

우리가 방을 나설 때, 지금까지 전혀 눈에 띄지 않았던 한 참가자가 나를 위해 문을 열어주었다. 내가 도무지 지나가고 싶지 않은 문을. "그 역시 그저 행복해지고 싶은 거야." 나는 생각했다. "고통과 고통의 원인에서 자유로워지기를."

나중에 집에 돌아와서야 알게 되었다. 이 자비 명상이 불교 수도원의 전통적 수행법일 뿐 아니라, 냉철한 연구로 그 실효성이 입증된 것임을. 이런 구절들을 일상적으로 생각하는 사람은 자기 자신과 타인과의 관계, 그리고 본인의 생각과 행동에 집중하는 훈련을 하는 셈이다. 미국 심리학자 바버라 프레드릭슨의 '확장과 수립broaden and build' 이론에 따르면, 사회적 관계에 집중하면 만족감, 평온, 균형이 강화된다. 임상심리학에서도 생각의 소용돌이, 우울, 불안을 막기 위해 자비 명상을 활용한다.

자비 명상은 불교에서 오랫동안 실천해온 핵심 수행법이다. 하지만 그 개념은 보편적이기도 하다. 네 이웃을 네 몸같이 사랑하라. 이 가르침을 어떤 식으로든 강조하지 않는 종교는 거의 없다. 이를 의심하는 철학 학파 역시 찾아보기 힘들다.

우리는 자비의 본질이 단순한 감정이 아닌 관점의 변화에 있다는 것을 깨달았다. 타인과 자신을 바라보는 우리의 관점이 전환될 때 진정한 자비가 시작된다.

16 | 엉덩이

경솔함을 피하는 데
꼭 필요한 것

집중력의
비밀

조용히 앉아 있기 vs. 조용히 서 있기.

무엇이 더 어려울까?

"엉덩이를 붙이고 진득하게 앉아 있어라." 이런 말에서 보는 것처럼 엉덩이는 집중과 몰입의 대명사이자 산만함의 반대말이다. 하지만 현대 의학은 오래 앉아 있는 것을 경계한다. 근육, 자세, 혈관, 심장, 혈액순환, 신경, 이 모든 것이 장시간 앉아 있는 생활로 망가진다고 본다.

그렇다고 서 있기가 쉬운 것도 아니다. "가만히 서 있기"는 "가만히 앉아 있기"와 달리 진정한 정지 상태가 아니다. 서 있기 위해서는 계속해서 균형을 잡아야 한다. 중력이 몸을 앞으로 끌어당기는 동안, 우리는 앞으로 쓰러지지 않기 위해 근육 긴장, 미세한 움직임, 체중 이동의 안정된 체계로 맞서고 있다. 이러한 서 있는 행위 자체가 스트레스이며, 정신적 에너지를 소모한다. 일반적으로 스트레스는 생각하며 해야 하는 일에 방해가 된다.

그렇다면 서 있는 행위 자체가 집중력을 필요로 하기에 오히려 집중을 더 어렵게 만들까? 과학자들은 스트루프 테스트Stroop-Test로 이 의문을 파헤쳤다. 연구진은 피험자가 얼마나 빨리 화면의 글자 색을 인지하는지 측정했다. 특히 글자의 의미와 색상이 일치하지 않을 때, 예를 들어 '초록색'이란 단어가 빨간색으로 깜박이면, 반응 시간이 늘어났고, 집중력이 떨어질수록 더 심하게 지연됐다.

실제로 연구진은 서 있을 때와 앉아 있을 때의 차이를 확인했다. 단 0.1초라는 짧은 시간의 차이였다. 그럼에도 결과는 놀라웠다. 피험자들은 앉아 있을 때보다 서 있을 때 더 빠르게 반응했기 때문이다. 서 있을 때의 잠재적 스트레스가 집중력에 부정적 영향을 미치기는커녕 오히려 긍정적으로 작용했다. 연구진은 서서 일하면 기본적인 주의력이 생겨 덜 산만해진다고 추정했다.

고양이에게 배우는
인내

고양이는 얼마나 오래 쥐구멍 앞을 지키며 다른 모든 것을 잊고 노려볼 수 있을까?

우리가 상상할 수 있는 것보다 훨씬 더 오래 버틴다. 몇 시간, 심지어 다음 날까지도 고양이는 쥐가 나올 때까지 기다린다. 그리고 마침내 고양이는 쥐를 잡아낸다.

고양이는 앉아서 기다리는 사냥꾼 부류에 속한다. 악어, 거미, 대부분의 새, 뱀, 물고기, 곤충 등과 마찬가지로 잠복 사냥꾼이다. 이들은 헐떡이며 먹잇감을 쫓아 달리지 않는다. 대신 전략적으로 체력과 (종종 그들에게 없는) 속도를 아끼며, 부러울 만큼 끈질긴 집중력으로 추격을 대신한다.

인간도 사냥할 때는 '앉아서 기다릴' 수 있지만, 현대인에게 사냥은 흔치 않은 일이 됐다.

그러나 이런 전략은 분명 다른 상황에도 적용할 수 있다. 집중력을 발휘해 체력을 아끼는 것이다.

주의력을 떨어뜨리는 '보호' 장치들

사람들은 종종 부주의하게 행동하며, 그 결과는 때로 심각할 수 있다. 독일의 경우, 매년 약 600억 유로(약 90조 원)가 손해 및 상해 보험으로 지출된다. 이러한 손해사건의 가장 흔한 원인은 부주의다.

부주의는 다양한 형태로 나타난다. 어떤 것을 보지 못하거나, 감지하지 못하거나, 생각하지 못하거나, 잘못 판단하는 경우가 대부분이다. 이는 수십 년에 걸쳐 서서히 일어나기도 하고, 순간적으로 발생하기도 한다.

예를 들어, 운전 중 신호등의 빨간불을 놓치는 경우부터 항공기에 부적합한 부품을 장착하거나 소프트웨어를 잘못 프로그래밍하는 경우까지 다양하다. 이러한 부주의로 인해 물건이 손상되거나 파괴되고, 심각한 경우 사람이 다치거나 목숨을 잃기도 한다.

부주의의 결과는 타인에게 해를 끼치기도 하고, 자기 자신을 해치기도 한다. 따라서 일상생활에서 주의를 기울이는 것은 단순히 개인의 안전뿐만 아니라 사회 전체의 안전과 경제적 손실 방지를 위해 매우 중요하다.

경솔함이 종종 집중을 잃게 만든다. 인간의 두 가지 특성이 불운하게 결합해 이런 경솔함이 탄생한다. 우리는 자기 능력을 과대평가하고, 위험을 과소평가한다.

자신의 능력을 과대평가하고 약점을 인정하지 않는 태도를 심리학에서는 '우월 환상'이라 부른다. 이는 이른바 '자존감을 높이는 왜곡'이다. 한편으로는 평안에 도움이 되고 낙관주의와 자신감을 선사하지만, 다른 한편으로는 해를 끼치기도 한다. 우월 환상에 사로잡힌 사람은 자신의 능력을 지나치게 믿어 주의를 기울이지 않게 되고, 이는 집중력 저하로 이어진다.

우월 환상은 여러 분야에서 입증되었다. 대학생들은 거의 모두 자기 능력이 평균 이상이라 여기고, 교수들도 마찬가지다. 운전자들은 자신의 운전 방식이 평균 이상으로 훌륭하고 더 안전하다고 생각한다. 대부분이 자신의 생활방식이 다른 이들보다 더 건강하다고 믿는다. 지능지수가 낮은 사람도 자신이 특별히 높은 지능을 가졌다고 추측하고, 펀드매니저는 자신이 동료보다 더 유능하다고 여긴다. 정확성, 인기 등 거의 모든 긍정적 특성에서 자신을 높게 평가하는 경향이 있으며, 심지어 다른 커플보다 월등히 행복한 연인관계를 맺고 있다고 믿는 사람들도 있다. 이처럼 자기 과대평가는 셀 수 없이 많다.

사회심리학자 데이비드 더닝David Dunning과 저스틴 크루거Justin Kruger의 연구 결과는 특히 주목할 만하다. 두 사람은 유머 감각, 논리적 사고, 문법 지식 등 다양한 생활 분야에서 자기평가와 실제 능력을 비교했다. 결과는 모든 분야에서 똑같은데, 능력이 낮을수록 자기 과대평가가 더 심했고, 능력이 없을수록 자신감이 높았다. 이를 '더닝-크루거 효과'라고 한다. 이유는 명확하다. 자신의 무능력을 인식하는 데도 능력이 필요하기 때문이다.

우리가 위험을 과소평가하는 것은 또 다른 심리학적 현상인 '위험 보상' 때문이다. 안정감을 느끼면 집중력이 떨어지고, 그러면 우리는 더 부주의하게 행동한다. 특히 도로교통에서 이런 모습이 확인되었다. 1980년대에 '잠김 방지 제동장치'ABS가 점차 도입되면서, 이런 기술 발전이 뮌헨 택시운전사의 운전 태도에 어떤 영향을 미쳤는지를 한 연구가 보여주었다. 택시운전사들은 갑자기 부주의하게 운전하고 사고를 더 많이 냈다. 안전벨트 의무화를 시행한 나라들에서도 유사한 현상이 관찰되었다.

또 다른 연구에서는 운전자들이 헬멧을 착용한 자전거 운전자와 더 가까이 붙는 것으로 나타났다. 그들은 평균 8.5센티미터를 더 가까이 접근했다. 오른쪽으로 멀찍이 붙어 안전하게 달리는 자전거에는 특히 가까이 접근했다. 반면, 차선 중앙에서 달리는 자전거는 멀리 피해서 추월했다.

한편, 1967년 스웨덴에서 좌측통행에서 우측통행으로 전환했을 때는 사고가 감소했다. 낯선 상황이 긴장감을 높였고, 그로 인해 운전자들이 도로에 더욱 집중하게 된 것이다. 이 효과는 거의 2년간 지속되었다.

'공유 공간' 교통계획 철학은 불안감이 주의력을 높인다는 원리를 적용한다. 이 접근법에서는 보행자, 자전거, 자동차 등 다양한 교통 참여자들이 명확한 구분 없이 동일한 공간을 공유한다. 예를 들어, 차도와 인접한 놀이터, 만남의 장소, 자전거 도로 등이 이에 해당한다. 이런 환경에서 운전자들은 상대적으로 덜 안전하다고 인식하게 되고, 그 결과 더 높은 경각심을 갖고 주변 상황에 주의를 기울이게 된다. 이는 역설적으로 더 안전한 교통 환경을 만들어내는 효과가 있다.

결국 아이러니하게도, 보험사들이 매년 보험가입자의 주머니에서 수십억을 가져간다. 보험 때문에 오히려 부주의해지는 셈이다. 이는 위험 보상의 전형적인 예시다.

마케팅의 심리학:
제로리스크 환상 판매하기

심리학의 고전적 실험을 통해 우리의 위험 인식에 대해 알아보자. 다음 상황을 상상해보자.

당신의 지역에 두 개의 독성 폐기물 창고가 있다. 큰 창고는 매년 8명에게, 작은 창고는 4명에게 암을 유발한다. 정부는 예산 제약으로 다음 세 가지 옵션 중 하나를 선택해야 한다.

1. 두 창고 모두 부분 청소: 암 발병률 50퍼센트 감소
2. 작은 창고 완전 제거, 큰 창고 부분 청소: 큰 창고에서 연간 7명 발병
3. 큰 창고 완전 청소, 작은 창고 부분 청소: 각 창고에서 연간 3명씩 발병

당신이라면 어떤 옵션을 선택하겠는가?

원래 실험에서 거의 절반의 참가자가 옵션 2를 선택했다. 그러나 이는 연간 7건의 암 발병이라는 큰 위험을 남긴다. 반면 옵션 1과 3은 각각 6건(4+2, 3+3)의 발병으로 더 낮은 위험을 제시한다.

왜 많은 사람이 객관적으로 더 위험한 옵션 2를 선호할까? 이는 우리의 집중력과 관련이 있다. 모든 위험 요인은 주의력을 요구하지만, 여러 가지에 동시에 집중하기는 어렵다. 따라서 우리는 전체적인 위험이 더 크더라도, 하나의 위험 요인을 완전히 제거하여 생각에서 지울 수 있는 해결책을 선호하는 경향이 있다. 심리학에서는 이런 현상을 '제로리스크 편향'Zero Risk Bias이라고 부른다. 우리는 더 적은 주제에 집중을 분산하기 위해, 더 높은 위험을 감수한다.

또 다른 실험에서 피험자들에게 물었다. 세제에 함유된 유해 물질을 줄이기 위해 돈을 얼마나 쓸 것인가? 당연히 대다수가 화학 물질에 의한 상해나 화상 위험을 줄이기 위해 어느 정도 더 지불할 용의가 있었다. 잔여 위험이 5퍼센트 남았더라도 많은 사람이 이마저 없애고 싶어 했고, 그것을 위해 지나치게 높은 추가 요금을 내겠다고 응답했다.

어떤 기업은 여러 곳에 집중을 분산하기 싫어하는 인간의 본성을 이용한다. 그들은 예를 들어 "유전자 조작 없음", "무가당", "인공 방부제 무첨가" 같은 문구와 함께 제품을 시장에 내놓는다.

이는 개별 항목의 위험을 머릿속에서 지울 수 있게 해 매혹적으로 보인다. 그러나 그런 문구가 적힌 제품들도 당연히 다른 이유로 건강에 해로울 수 있다.

숲이 주는 선물:
집중력 회복

숲은 도시와는 다른 세계다. 숲은 생기 넘치지만 고요해 보인다. 숲의 생명체들은 각자의 역할을 수행하면서도, 마치 시간의 흐름을 의식하지 않는 듯 계속되는 순환 속에 존재한다. 우리는 이러한 숲의 리듬에 자연스럽게 동화되어, 일상의 긴박함에서 벗어나 평온한 상태로 그 흐름에 동참할 수 있다.

왜 우리는 숲을 좋아할까? 진화생물학자 에드워드 윌슨의 '생명 친화BioPhilia' 이론은 인간이 살아 있는 모든 것과 유전적으로 연결되어 있다고 가정한다. 심리학자 부부 레이첼 카플란과 스티븐 카플란은 1989년 "주의 회복 이론Attention Restoration Theory"을 발표했다. 자연환경은 우리를 낯선 세계로 데려가 집중력을 회복시켜준다. 그리고 이 낯선 세계에서는 나뭇잎의 바스락거림, 기어가는 애벌레, 비스듬히 쏟아지는 햇살 같은 '부드러운 매력'이 가볍고 편안한 방식으로 우리의 주의를 사로잡기 때문이다.

오늘날 전 세계의 연구는 숲의 건강 효과를 입증한다. 병실에서 녹지를 바라보거나 벽에 걸린 숲 사진을 보는 환자들은 더 빨리 회복되었다. 나무의 메시지 물질인 테르펜^{Terpene}을 객실에 뿌리면 호텔 투숙객의 면역력이 높아진다. 숲에 있는 듯한 느낌 자체가 스트레스를 해소하고 안정감을 주며, 이는 집중력을 향상시킨다.

독일에도 요즘 '산림치유 전문가' 양성 과정이 있다. 이는 숲에서 건강과 집중력을 얻고자 하는 이들을 안내하는 역할을 한다. 예전에는 '삼림욕'이 조깅, 등산, 노르딕워킹, 새 관찰, 명상 등을 하지 않고 그저 숲에 몰입하는 것을 의미했다. 하지만 요즘의 삼림욕은 전문가의 도움을 받아 마치 성공을 관리하는 체계적인 노력처럼 들린다.

하지만 집중력 회복을 위해 가장 효과적인 방법은 복잡한 프로그램이나 전문가의 지도가 아닐 수 있다. 오히려 숲속 나무 그루터기에 편안히 엉덩이 붙이고 앉아 주변의 자연을 온전히 느끼며 몰입하는 단순한 행위가 진정한 치유와 회복에 가장 좋을지도 모른다.

17 | 비뇨기

균형 잡힌 삶의
리트머스 시험지

탈수와 집중력의
관계

다음 중 어떤 진술이 맞을까?

1. 모든 성인은 하루 2리터의 물을 마셔야 한다.
2. 사람은 수분을 과다 섭취해서 죽을 수도 있다.
3. 우리 몸은 물을 스스로 만들어낼 수 있다.
4. 약간의 탈수도 집중력을 떨어뜨린다.

건강한 성인이 '가벼운 탈수' 상태가 되기는 쉽지 않다. 적어도 20대에는 '경미한 탈수' 상태가 오기 어렵다. 연구자들은 실험실 트레드밀에서 피험자들을 혹독하게 달리게 했다. 27.7도의 온도에서 시속 5킬로미터로 40분씩 3번, 매번 속도를 5퍼센트씩 높였다. 이러한 운동을 통해 실험 참가자들은 체중의 1.3퍼센트 수분 부족 상태에 도달했다. 65킬로그램 남성이라면 약 850밀리리터가 부족한 상태다.

탈수 상태의 실험군과 수분 공급이 이상적인 대조군이 집중력 테스트를 받았다. 남자는 수분이 약간 부족할 때 더 많은 실수를 저질렀고, 주의력이 떨어지며, 상황 판단력이 약해졌다. 반면 여자의 경우, 탈수가 과제 수행에 큰 영향을 미치진 않았다. 다만 더 피곤하고 힘들며 과제를 어렵게 느꼈다.

그렇다면 우리는 물을 얼마나 마셔야 할까? 이 질문에 명확한 답을 내리기가 쉽지 않다. 어떤 이는 마실수록 좋다고 주장하고, 또 어떤 이는 과다 섭취 위험을 경고한다. 경종을 울리는 사례로 캘리포니아 라디오방송국의 물 마시기 대회가 세계적으로 알려졌다. 250달러짜리 게임기를 아들에게 안겨주려던 28세 엄마가 6리터가 넘는 물을 3시간 반 만에 들이켜 목숨을 잃었다.

과도하게 물을 마시면 '수분 중독' 즉 '수분 과잉'에 이를 수 있다. 짠 음식이 갈증을 부르듯, 반대로 물은 우리 몸에서 염분을 씻어낸다. 순수한 물에는 염분이 없기 때문에 혈액 내 나트륨 농도가 떨어져 중요한 신체 기능이 망가질 수 있다. 어지러움, 구토, 혼란이 찾아온다. 따라서 수분 과잉 역시 집중력 향상과는 거리가 멀다.

하루 2리터라는 기준을 무분별하게 제시하는 이들도 있다. 하지만 이는 과학적 근거가 빈약한 권고량이다. 독일영양협회는 계산식을 내놓았다. 이에 따르면, 19~51세 성인은 매일 2.65리터를 체외로 배출한다.

소변으로 1.44리터
대변으로 160밀리리터
땀으로 550밀리리터
호흡으로 500밀리리터

신체의 수분 균형을 맞추려면 성인은 하루에 물을 2.65리터 마셔야 한다. 이 가운데 875밀리리터는 음식물에서 얻고, 여기에 '산화수' 335밀리리터가 보태진다. 산화수란 세포가 영양분을 분해하며 부수적으로 생성하는 물로, 물질대사의 부산물이다. 멕시코 사막의 캥거루쥐는 산화수로 수분 필요량의 90퍼센트를 충당한다. 사막에선 물을 구할 다른 방도가 없으니까. 하지만 우리는 물을 마실 수 있고 또 마셔야 한다. 전체를 고려하면 1.44리터가 적정량이다.

그러나 이 수치마저 표준 성인의 이론적 평균치일 뿐, 현실에선 개개인이 마셔야 할 물의 양이 다르다. 체중, 식단, 성별, 활동량, 기온 등 환경 요인에 좌우되기 때문이다. 그래서 과학으로는 개인별 수분 보충 필요량을 가늠하는 방법조차 정립하기 힘들다.

그런 점에서 단순하면서도 정확하고, 믿을 만하며 경제적인 'UCol'(Urine Color, 유 콜)이라는 단위가 황금률로 자리 잡은 건 놀랍다. 이는 소변 색을 통해 체내 수분 상태를 가늠하는 지표다. 타일 가게에서 색 견본을 대듯, 소변 색과 비교한다. 색 차트는 과학적으로 고안됐으며 '8단계 소변 수분 지표'로 통한다. 이 지표상으로 보면 충분히 수분을 섭취한 사람의 소변색은 샴페인 빛이다. 레모네이드나 오렌지 주스 쪽으로 색이 짙어지면 '가벼운 탈수'를 의미한다. 그러면 우리는 집중하기 버거워진다. 홍차색으로 찐해지면 생명이 위험할 정도다.

정보 홍수 시대의
주의력 경제학

"지난 부활절, 이웃이 자기 딸에게 토끼 두 마리를 선물했어요. 의도했든 우연이든, 수컷 한 마리와 암컷 한 마리였죠. 이제 우리는 토끼 천지에 살고 있습니다." 미국 사회학자 허버트 사이먼은 유명한 한 강연에서 자신이 사는 동네의 현 상황을 이렇게 설명했다. 그의 연구 분야는 조직의 의사결정 과정이었고, 이날 강연의 주제는 "정보가 넘치는 세상에서의 삶과 일"이었다.

"이제 우리 동네에서는 잎채소가 부족해지고 있어요. 뭔가가 늘어나면 다른 게 모자라게 마련이니까요. 토끼가 많아지면 그만큼 잎채소를 많이 먹어치우거든요."

정보가 넘치는 세상도 이와 다르지 않다. 정보가 많아지면 정보가 소비하는 것이 부족해진다. 사이먼은 이렇게 말했다. "정보가 소비하는 대상은 아주 분명해요. 정보 수용자의 주의력을 먹어치웁니다." 독자들은 〈뉴욕타임스〉 같은 신문에 구독료뿐만 아니라 읽는 데 드는 '시간'도 지불하는 셈이다. 사이먼이 이 강연을 한 건 1971년이었고, 7년 후 그는 노벨경제학상을 수상했다.

"정보는 주의력을 먹어치운다." 이 간결한 문장은 오늘날까지도 집중력을 논하는 곳이면 어디서든 인용되고 있다. 정보는 늘 새로운 것을 약속하기에 주의를 끈다. 하지만 새로운 것이 많이 도달할수록, 더 많은 자극이 주의력을 앗아가고 집중을 방해한다. 새로운 정보가 우리에게 오는 방식과 양은 시간이 흐르면서 크게 달라졌다. 처음에는 뉴스가 발생하면 그 소식이 퍼져나갔다. 중세 유럽, 거리의 음유시인들은 도시와 마을을 떠돌며 박람회와 시장에서 노래를 불렀다. 그들의 레퍼토리는 주로 전쟁, 기근, 역병 등 끔찍한 재앙에 관한 이야기였다. 이런 비극적인 소식들이 대중에게 알려지고 입에서 입으로 전해지면서 뉴스가 퍼져나갔다. 후에는 전단이나 '호외' 형식으로 필요할 때마다 인쇄되곤 했다.

라디오와 TV는 최초로 뉴스 보도에 새로운 패러다임을 도입했다. 무슨 일이 일어나기도 전에 '뉴스'를 언제, 얼마나 내보낼지 사전에 결정하는 방식이었다. 이는 기존의 관행과는 완전히 다른 접근이었다. 그전까지만 해도 사건이 발생해야 비로소 그에 대한 보도가 이뤄졌다. 사회학자 니클라스 루만은 의문을 제기했다. 매일같이 뉴스를 채울 만큼 새로운 일이 그렇게 많이 일어난다는 말인가? 보도할 게 있을 때만 뉴스를 내보내면 안 되나?

예술가 율리안 로제펠트Julian Rosefeldt와 피에로 슈타인레Piero Steinle 는 1998년 이 의문을 탐구했다. 그들은 40년이 넘는 기간 동안의 독일 공영 및 민영, 서독과 동독 TV 방송 자료를 샅샅이 뒤졌다. '뉴스'라고 이름 붙인 장치로 모니터 두 대에 영상을 띄우고 오디오 트랙 12개를 틀었다. 주제별로 자료를 분류한 결과, 매일 내보내는 뉴스는 사실 같은 단어와 내용이 끝없이 반복될 뿐이었음이 밝혀졌다.

뉴스에서는 항상 비슷한 주제와 영상이 반복된다. 연사, 청중, 의회, 리셉션, 민속축제, 법정, 헤드폰 착용자, 제복 입은 사람들, 진지하거나 웃는 얼굴들, 박수, 건배, 정치인의 악수, 정부청사 외관, 동물원의 갓 태어난 새끼들 그리고 날씨 보도 등이 그것이다.

21세기에 들어 뉴스는 더욱 새것인 양 기승을 부린다. 신문, 라디오, 인터넷, 메신저, 소셜미디어 등 모든 채널을 통해 끊임없이 공급된다. 현대인들은 주요 뉴스 프로그램만으로는 충분하지 않다고 여긴다. 속보, 브레이킹뉴스, 라이브블로그, 책, 영화, 트위터 해시태그 등 모든 것이 점점 더 빠르게 새로움을 잃어간다. 연구 결과들은 이로 인해 우리의 '전체적인 주의력'이 감소하고 있음을 보여준다.

많은 이들이 정보의 홍수를 경험한다. 우리는 텔레비전, 컴퓨터, 스마트폰 앞에 앉아 끊임없이 흘러들어 오는 정보의 홍수 속에 있다. 모든 것이 중요하고 즉시 반응해야 할 것처럼 느껴지지만, 실상 달라지는 것은 없다. 대신 많은 경우 불쾌감만 쌓여간다.

기술은 새로운 문제만 야기하는 것이 아니라 해결책도 제시한다. 이미 50년 전, 허버트 사이먼은 우리의 집중력을 되찾는 데 기술이 어떤 역할을 해야 하는지 그 요건을 제시했다. 그는 기술이 정보를 무작정 쏟아내기보다는 '걸러내는 데' 주력해야 한다고 역설했다.

"우리에게 필요한 것은 그저 정보를 전달하는 기술이 아니라, 정보를 취합하고 그에 대해 생각하게 만드는 기술입니다." 사이먼의 이 통찰은 정보 과잉의 시대를 살아가는 우리에게 더없이 절실하게 다가온다.

이 조건은 당시보다 지금 더 들어맞는 듯하다. 내 관심사 뉴스를 추려주는 앱, 사람이나 상품을 추천하는 알고리즘 등이 되려 과도한 정보를 준다면 본연의 기능을 상실한 셈이다. 그런 기술은 정보를 적게 줘야 비로소 제 역할을 하는 것이다.

현대인의 성적 집중력
저하 현상

'안호이저 부시' 양조장은 19세기 후반에 이미 '버드와이저' 광고에 사진을 활용했다. 사진은 처음부터 노골적으로 에로틱한 장면을 암시했다. 남자가 여자의 유리잔에 맥주를 따라준다. 여성이 맥주 거품을 감미롭게 음미한다. 20세기 후반까지 광고 사진에서 여성의 노출도가 점차 증가했다.

1953년 12월 1일에 출판업자 휴 헤프너가 미국에서 《플레이보이》 창간호를 발행했다. 그는 시험용으로 이 잡지에 펼쳐볼 수 있는 마릴린 먼로 누드 포스터를 삽입했다. 독자들의 반응을 예측하기 어려웠기 때문이다. 이 여배우는 당시 19세였고 신인이었다. 이 전략은 성공을 거두었고, 『플레이보이』는 '섹스 마케팅'의 선구자이자 성공 사례로 자리잡게 되었다.

같은 해, 안호이저 부시와 마찬가지로 프로이트 또한 성에 몰두했다. 그는 '섹스 마케팅'이라는 용어를 쓰지는 않았지만, 성욕이 인간의 중대한 원동력이라는 유사한 견해에 도달했다. 성욕은 태어나서 죽을 때까지 개인을 지배하며, 사회 역시 질서 있는 공존을 위해 이러한 본능을 통제해야 한다.

성적 생각이 빈번하게 떠오르는 것은 자연스러운 현상이다. 정기 설문조사에 따르면, 섹스에 대한 생각은 매초 또는 매분 떠오르며, 특히 남성이 여성보다 훨씬 더 빈번하게 그런 생각을 한다고 한다. 성이라는 주제는 우리의 일상에 깊이 스며들어 있으며 우리의 관심을 더 쉽게 받고 유지하는 것처럼 보인다.

프로이트 이후 족히 100년이 지났을 때, 성 심리치료사 렘지예 쿠넬라키Remziye Kunelaki가 자신의 관찰 내용을 기록했다. 2010년대 런던 중심부의 성 심리 클리닉에서 일하던 그녀는 수많은 환자가 섹스에 집중할 수 없다는 고민을 호소하는 것을 들었다. 어떤 이들은 섹스 도중 직장에서의 다툼이나 저녁 식사 메뉴 같은 다른 생각에 사로잡혔고, 또 어떤 이들은 현재 행위와는 거의 무관한 포르노 판타지에 빠져들었다. 그것이 섹스를 불가능하게 만들지는 않더라도 만족스럽지 못한 경험으로 이끌었다. 그들은 술, 마약, 탐욕 등으로 도피하거나 반대로 두려움에 휩싸여 금욕으로 달아나기도 했다.

쿠넬라키는 주로 남성 환자를 치료했지만, 다른 병원의 보고서에 따르면 이 현상이 성별이나 지역에 국한되지 않음을 보여준다. 인간은 밤낮으로 섹스를 생각하면서도 정작 섹스할 때는 다른 무언가에 대해 생각한다는 것은 역설적으로 보인다. 오랫동안 바라던 순간에 도달했을 때 집중력이 흐트러지는 것이다. 어떤 이들은 불편한 과제를 수행할 때보다 섹스 도중 더 쉽게 딴생각에 빠진다.

쿠넬라키는 이에 대해 정반대 접근법을 개발했는데, 바로 '명료

한 의식 상태에서의 섹스'였다. 이는 술이나 마약, 기타 환각제를 복용하지 않은 상태를 말하며, 잡념이나 상상에 사로잡히지 않은 깨끗한 정신을 의미했다. 맑은 정신으로 섹스에 임한다는 것은 현재 그 순간에 온전히 집중하는 것이다.

그녀에 따르면 성적 흥분은 순환한다. 머릿속에서 시작되어 몸으로 완성되는 것이다. 그러나 의식이 현실에서 벗어나 상상의 세계를 방황하거나 지루함과 부담감에 제멋대로 움직인다면 몸과 마음의 연결고리는 끊어진다. 신체는 더 이상의 반응을 중단하게 된다.

쿠넬라키는 21세기 사람들이 다시 자신의 성에 집중할 수 있도록, '몸과 정신의 연결' 프로그램을 고안해냈다. 이 프로그램은 쿠넬라키가 '건강한 자위'라 명명한 일종의 자위 명상에서 시작된다. 포르노도, 상상도 개입하지 않는다. 오로지 자신의 몸에만 몰두하는 것이다. 이는 신체가 자연스럽게 반응할 때에만 시도해야 한다.

이때는 고요와 침묵을 견뎌내며 자신과의 친밀감을 유지해야 한다. 머릿속에 떠오르는 생각을 인식하는 것이 중요하다. 생각이 길을 잃고 방황할 때 그것을 알아차려야 한다.

다음 단계에서는 파트너와 함께 이와 유사한 연습을 한다. 파트너의 몸에만 집중하고, 오직 그것에만 초점을 맞춘다. 머릿속에 상상의 영화도, 생각의 방랑도, 환상도 존재하지 않는다. 그 어떤 목표도 없다. 처음에는 성감대가 아닌 다른 신체 부위를 탐색하는 것이 집중에 도움이 된다.

성 연구자 듀오인 마스터스[Masters]와 존슨[Johnson]이 『플레이보이』 전성기에 개발한 '감각 집중' 기법 또한 이와 비슷한 접근법을 따른다. 한 사람이 정해진 시간 동안 파트너의 몸을 탐색하는 동안, 다른 한 사람은 가만히 기다린다. 두 사람 모두 촉감에만 집중한다. 그다음엔 역할을 바꾼다. 처음에는 비성적인 접촉으로 시작하여 점차 성적인 접촉으로 나아간다.

어쨌든 '섹스 마케팅' 전략은 요즘 인기를 잃었다. 섹스가 관심을 끌지 않아서가 아니다. 우리가 에로틱한 자극에만 너무 집중한 나머지, 정작 광고되는 상품은 눈에 들어오지 않기 때문이다.

페티시즘:
극단적 집중의 형태

페티시즘은 특정 대상에 대한 강력한 집중이 특징이다. 특정 사물, 신체 부위, 상황에 성적 상상력이 쏠리는 것이다. 이런 집중도는 매우 강해서 해당 대상이 없으면 성적 흥분 자체가 불가능할 지경이다. 몇 가지 집중의 표적을 살펴보자.

- 조각상에 대한 성적 흥분
- 나무에 대한 성적 흥분
- 성스러운 물건에 대한 성적 흥분
- 총기류에 대한 성적 흥분
- 음란 전화에 대한 집착
- 음악에 대한 성적 흥분
- 시에 대한 성적 흥분
- 동물 인형에 대한 성적 흥분
- 공부하는 사람을 보는 것에 대한 성적 흥분
- 유령에 대한 성적 흥분
- 질투심에 대한 성적 흥분

미국정신의학회의 『정신장애 진단통계편람^{DSM-5}』에서는 페티시로 인해 일상생활에 지장이 있거나 고통을 느낄 때에만 '페티시 장애'로 본다. 편람에 따르면 이는 거의 전적으로 남성에게서 관찰된다.

걷기 그 자체가
목적이다

내 앞의 승려들이 천천히 걷고 있다. 그들은 극도로 느린 속도로 한쪽 다리를 들어올려 다른 다리 앞에 내려놓는다. 그리고 또 다른 다리를 든다. 그저 바라보는 것만으로도 그들이 무릎 구부리기, 근육에 힘주기, 발 디딤, 뒤꿈치에서 발가락까지 굴리듯 디딤, 매 발걸음의 일어남과 사라짐을 세심히 알아차리고 있는 중임을 알 수 있다. 걸음과 숨결이 하나의 리듬을 이룬다. 한 걸음에 한 호흡…. 두 손은 배 앞에서 그릇 모양으로 모은 채 걷는다.

"이곳에서는 어떤 행동을 해도 이상하게 보이지 않으니 안심하세요. 수도원이니까요!" 조나단의 말이었다.

"보통 우리는 걸을 때 목적지에 도달하려 해요. 생각 속에서 벌써 거기 가 있죠. 목적지를 향한 집착이 진정한 걸음을 방해하는 거예요."

"그러니 천천히 걸으셔도 돼요. 전혀 튀지 않습니다."

우리는 여기서 모두 별스러운 행동을 한다. 침묵을 지킨다. 스마트폰은 물론 시계조차 들여다보지 않는다. 일정표도 없다. 누구도 우리를 앞질러 가거나, 경적을 울리거나, 비키라 소리치지 않는다. 세계 각지의 도로 정글에서 흔히 볼 수 있듯 고개를 설레설레 저으며 지나쳐 가는 이도 없다.

독일에선 갓난아기도 부모와 함께 유모차를 타고 '산책'을 나선다. 이런 개념을 모든 나라가 공유하는 건 아니다. 가령 어떤 미국인들은 독일인들이 동네를 어슬렁거리는데 그것을 일컫는 단어까지 있다는 사실에 놀란다.

산책은 조나단이 이야기한 걷기 명상과 유사하다. "어디에서 어디로 가려는 게 아닐 때 걷기는 명상이 됩니다. 걷는 그 자체가 목적이에요."

산책과 달리 걷기 명상에선 대화를 나누지 않는다. "여길 봐." "저길 봐." "비가 올 거야." 이런 말들이 오가지 않는다. 오로지 자신의 몸, 발, 다리에만 집중한다. 한 호흡에 네 걸음. 이보다 더 느릴 순 없다. 그들은 이를 '걷기'라 부르지 않고 '걷기 수련'이라 부른다. 목적지는 없다. 그럼에도 목적지가 필요한 이에겐 "매 걸음이 목적지"라고 스스로에게 말하는 게 도움이 된다고 조나단은 권했다.

"나는 도착한다." 걸음마다 나는 되된다.

이곳엔 불교 승려 몇 분이 살고 있다. 수십 년간 인도 북부 산간 지방에서 명상센터를 일궈온 분들이다. 그들은 자신들이 가르치는 바를 몸소 실천하며 살아간다.

오후 자유 시간, 정원 벤치에 앉아 있노라니 승려 두 분이 작은 뜰을 거닐고 있다. 한 분은 연로해 보이고 다른 한 분은 고등학생처럼 젊어 보인다. 어깨에 걸친 붉은 갈색 승복이 햇살을 받아 은은히 빛난다. 머리는 아주 짧게 깎았다. 둘은 네모반듯한 낮은 돌담을 끼고 시계방향으로 걷는다.

나는 벤치에서 일어나 그들의 시계방향 행렬에 동참한다. 어딘가로 가는 게 아니다.

그저 걷는다.

문득 누군가 내 곁을 스쳐 지나간다. 절제된 동작 하나하나가 뚜렷한 의미를 담고 있다. 독일에서 온 수녀다. 그 역시 맑은 눈빛으로 주변을 세심히 관찰하며 깊은 명상에 잠겨 있다.

18 | 다리

아이들이
집중력을 배우는 방법

악기 연주와 집중력:
뇌의 변화

악기 연주가 어린아이의 뇌 발달에 미치는 긍정적 영향이 과학적으로 입증되었다. 중국의 한 연구팀은 10~13세 학생들을 대상으로 흥미로운 실험을 진행했다. 그들은 두 그룹의 학생들을 비교했는데, 한 그룹은 최소 2년간 관악기나 현악기를 배우고 주 2시간 이상 오케스트라나 앙상블에서 연주한 학생들이었고, 다른 그룹은 학교 밖에서 음악 활동을 하지 않은 학생들이었다.

연구진은 학생들의 집중력을 다면적으로 평가했다. 모니터에 모양이 바뀌는 기하학적 도형이 나타나고 스피커에선 선율이 흘러나왔다. 학생들은 복합적인 자극 속에서 시각적 형태와 청각적 패턴을 식별하고 기억했다가 나중에 알아내야 했다. 연구자들은 MRI로 두뇌 활동을 관찰했다.

악기 연주 경험이 있는 학생들은 과제 수행에서 더 좋은 결과를 보였을 뿐 아니라, 뇌의 특정 영역에서 더 활발한 활동이 포착됐다. 시청각 자극에 대한 주의력과 관련 있을 것으로 연구진이 추정한 영역이 바로 활성화된 것이다. 특히 타인과 함께 협주하는 악기 연주는 집중력 향상에 도움이 된다고 연구진은 결론 내렸다. 눈, 귀, 손, 때로는 입까지 고도의 협응을 요구하기에 뇌가 이 모든 것을 동시에 통제해야 하기 때문이다. 악기에 온 신경을 집중하다 보면 어느새 들썩거리던 다리도 잠잠해진다.

ADHD를 다룬
최초의 문학 작품

하인리히 호프만^{Heinrich Hoffmann}은 도대체 무슨 생각

으로 이 그림을 그렸을까?

그는 프랑크푸르트암마인에서 의사이자 조산사로 일했고, 부검도 했으며 젠켄베르크 박사 연구소에서 해부학 강의도 맡았다. 1844년 크리스마스 즈음, 다른 젊은 아빠들처럼 그도 세 살 난 아들에게 줄 선물을 찾아 도시를 뒤지고 있었다. 그림책을 사려던 참이었다.

1871년, 거의 30년 후 독일 최초의 대중지로 '삽화가 담긴 가족 신문'이었던 『가르텐라우베 Die Gartenlaube』에서 그의 말을 인용했다. "그런데 내가 뭘 찾았는지 아세요? 긴 이야기, 진부한 삽화 모음집, 앞뒤가 훈계 일색인 도덕 교과서뿐이었어요." 이 잡지가 하인리히 호프만을 조명한 건 그가 그사이 명성을 얻었기 때문이다.

유명세의 발단은 아들 선물을 고르지 못한 그해 크리스마스로 거슬러 올라간다. 할 수 없이 그는 직접 그림을 그리고 이야기를 지어 책을 만들었다. "마치 책처럼 제본해서 크리스마스 선물 테이블에 올려뒀죠." 아들 카를뿐 아니라 어른 친구들도 좋아했다. 출판업자 친구 차카리아스 뢰벤탈 Zacharias Löwenthal이 이듬해 『어린이를 위한 재미난 이야기와 우스꽝스러운 그림』이라는 제목으로 책을 냈다. 신중한 호프만은 '라이머리히 킨더립 Reimerich Kinderlieb'이라는 필명을 썼다.

2년 뒤에야 이 작품은 『더벅머리 페터』라는 제목으로 세계에 알려지게 된다. 기괴한 에피소드들 속에서 아이들은 경솔한 행동이 빚어내는 결과를 목도한다. 책은 여러 차례 개정을 거듭했다. 1846년 2판에서 그는 「촐랑이 필립」을 추가했다. 소년은 아버지의 훈계에도 아랑곳하지 않고 식탁에서 다리를 들썩이고, 의자를 덜컹거리며, 결국 식탁보와 음식을 바닥에 쏟아버린다. "그리고 엄마는 입을 꾹 다물고 식탁 주변을 보았어요." 호프만의 유쾌한 묘사다.

자신도 인정했듯 '훈계 서사'는 당대 책의 트렌드였다. 흥미롭게도 호프만은 겁주려고 쓴 이야기들을 오히려 병원에서 아이들을 달래는 데 활용했다. 그림이 아이들의 시선을 사로잡은 것이다.

많은 이들은 「촐랑이 필립」이 ADHD를 다룬 최초의 문학 작품이라고 본다. "주의력결핍 과잉행동장애"[ADHD]를 일컬어 "촐랑이 필립 증후군"이라고도 한다. 호프만은 "프랑크푸르트 정신병 간질 시설"을 운영하긴 했지만, 그가 정작 정신의학을 접한 건 1851년 이후, 그러니까 「촐랑이 필립」 발표 이후의 일이다.

다만 호프만은 분명 친구 하인리히 폰 루스티게가 그린 〈중단된 식사〉와 같이 유사한 장면을 알고 있었을 것이다. 그런 점에서 호프만은 아마도 당시 아이들에게서 흔히 보이는 '버릇'을 주의 깊게 관찰하고 수집했던 것으로 보인다.

호프만은 아이들의 버릇을 묘사하려 했을까, 질병을 포착하려 했을까? 중대한 질문이다. 많은 이가 이것을 여전히 관점의 문제라 여기기 때문이다. 아이의 산만함을 일반적 행동과 의학적 증상으로 구분하는 경계는 어디일까? 그리고 그 산만함은 어느 순간 치료가 필요한 병이 되는 걸까?

이처럼 길고 격렬한 논쟁은 의학사에서 찾아보기 힘들 정도다. 몇 가지 흐름만 짚어보자. 1867년 영국 정신과 의사 로버트 모드슬리는 산만한 아이들을 "정서적 또는 도덕적 광기"라는 병명 아래 분류했고, 독일 동료 헤르만 에밍하우스는 "유전 및 퇴행"의 징후로 간주했다.

오스트리아 소아과 의사 아달베르트 체르니는 1908년 유명 강의록 『교육자로서의 의사*Der Arzt als Erzieher*』에서 "움직이고픈 강한 충동, 놀이와 활동에서의 끈기 부족, 불순종, 집중력 결여" 증상을 보이는 아이들을 "교육하기 어려운" 부류로 규정했다. 다만 그는 이들이 '정상'과 '비정상' 신경계 사이 어딘가에 있다고 했다. 주의력결핍장애는 1980년에야 『정신질환 진단 및 통계 편람』에 공식 등재됐다.

그보다 40여 년 전 미국에서는 우연한 발견이 있었다. 1937년 정신과 의사 찰스 브래들리가 '문제아'들에게 '벤제드린'을 투여했다. 각성제인 암페타민임에도 아이들을 진정시키는 효과가 있었다. 1960년대 또 다른 각성제 메틸페니데이트가 "리탈린"이라는 상품명으로 출시됐다. 독일에도 빠르게 퍼져 2004~2008년 사이에만 연간 처방량이 두 배로 뛰었다. 이후 독일에선 하루 복용량 기준 연 5000만 건 이상 처방되고 있다. 건강한 사람, 숙면을 취하는 사람에게 실제 효능이 있다는 과학적 증거는 없는데도 의사 처방 없이 약을 복용하는 경우가 많이 늘고 있다.

이러한 현상에 대해 일각에서는 "약이 먼저 개발되고, 그에 맞춰 병이 만들어진 격"이라는 비판을 제기한다. 아이의 행동이 단순히 불만의 표출일 뿐인데도 병으로 규정된다는 것이다. 반면에 다른 한편에서는 뇌 신호 전달 장애나 유전적 소인과 같은 신경생물학적 지식을 근거로 들어 이를 반박한다.

"필립이 오늘 식탁에서 얌전히 있으려나?"라는 질문 하나로 아이의 행동이 버릇인지 병인지 결정되지 않는다는 점에는 이제 모두가 동의한다.

현대의 진단은 총체적 관점에서 이루어진다. 주의력결핍, 과잉행동, 충동성 영역에서 이상 소견이 있는지, 해당 증상이 학업·대인관계·가정생활 등 여러 영역에서 일관되게 나타나는지, 장기간 지속되는지, 어릴 때부터 시작됐는지, 그리고 삶의 질과 일상에 악영향을 끼치는지 등을 종합적으로 고려한다.

증상에 따른 적절한 치료를 통해 성인기의 집중력 장애로 이어지는 것을 예방해야 한다. 이때 약물 치료는 환자의 연령, 증상의 심각도, 개인적 특성을 고려한 포괄적 치료 전략의 한 축일 뿐이며, 다양한 접근 방식 중 하나로 고려되어야 한다.

신경 강화제가

집중력을 높일 수 있을까?

콘센트로 필름코팅정 32mg

성분 및 특성:

- 활성 물질: 해당 없음
- 약물 분류: 신경 강화제 (향정신성 물질)
- 작용 기전: 뇌 기능에 영향을 미치는 물질

용도: 건강한 개인의 집중력 향상

복용 전 주의사항: 특별한 주의사항 없음

복용 방법:

- 기본 용량: 필요시 1정을 물과 함께 복용
- 추가 복용: 필요한 경우 1정 추가 가능

부작용: 보고된 부작용 없음

참고사항: 이 제품은 의약품이 아닌 신경 강화제로 분류. 집중력
개선을 목적으로 하며, 건강한 성인 대상.

．．．．．．．

신경 강화제 지지자: 부작용 없이 집중력을 향상시킬 수 있다니! 인류에게 축복이 될 거예요.

신경 강화제 반대자: 완벽하지 않다고 해서 질병이라 말하지 마세요! 우리는 이미 많은 영역에서 그렇게 해왔죠. 성 기능, 탱탱한 피부, 코 모양 등.

질병의 정의와 범주는 시대와 사회에 따라 변화해왔습니다. 게다가 건강이란 단순히 질병이나 허약함이 없는 상태가 아니라 신체적, 정신적, 사회적으로 온전히 안녕한 상태를 일컫습니다.

누가 그런 말을 했습니까?

세계보건기구요. 1946년 WHO 헌장에 명시돼 있어요. 우리는 예부터 뇌 기능을 최적화해 왔어요. 학습, 수면, 식이요법, 운동 같은 것들로 말이에요.

하지만 집중력 약은 뇌의 자연스러운 인지 과정을 인위적으로 조절하는 것이잖아요.

뭐가 문제죠? 학습에 도움 된다면 학교도 뉴런 연결을 지원하는데요.

인간은 노력을 통해 성장하는 거예요. 그게 우리의 본질이라고요.

카페인도 뇌의 각성 상태를 인위적으로 조절하는 물질이에요.

스포츠에선 그걸 도핑이라 하죠. 부정행위라고요.

1등만 강조하니까 그런 거예요! 모두가 잘 집중할 수 있다면 사회 발전에 도움 될 거라고요.

자연스럽지 않아요. 자연이 가장 현명한 법이에요.

낭만적인 원시 상태 말인가요? 우리는 진작에 그런 단계를 벗어났어요. 인공 심장 판막, 혈압약, 의치, 운동화, 스마트폰…. 여기까진 괜찮다가 어느 순간 안 된다고요?

사회적 압박이 있을 거예요.

잠깐만요. 자발적 선택은 콘센트로 32mg 사고실험의 핵심 전제 조건이에요! 더군다나 의사가 이 약으로 더 정확한 판단을 내려 더 많은 생명을 구할 수 있고, 조종사가 더 높은 집중력으로 위험한 상황을 예방하여 추락사고를 현저히 줄일 수 있다면, 이런 특수 직군에게 약을 처방하는 것은 단순한 선택의 문제를 넘어 도덕적 '의무'가 되어야 하지 않을까요?

모두가 약값을 댈 여유는 없을 거예요.

맞아요, 삶은 불공평해요! 물론 국가에서 기적의 약을 무상 제공해야 할 거예요.

그럼 우리는 모두 인격이 바뀐 좀비가 되어 돌아다닐 거예요. 상상만 해도 섬뜩하네요.

우린 항상 성격을 바꾸려 애써요. 어떤 이는 완전히 바꾸는 데 성공하죠.

그럼에도 부작용이 나타나면 어쩌죠?

부작용은 없습니다! 이는 콘센트로 32mg의 윤리적 논의를 위

한 전제조건이에요.[*]

FDA가 인정한
비디오게임 치료제

엔데버알엑스^{EndeavourRx}는 게임 형식을 활용한 혁신적인 디지털 치료법으로, 기존 ADHD 치료에 새로운 패러다임을 제시하고 있다. 부주의형 또는 복합형 ADHD 및 주의력결핍장애가 있는 8~12세 어린이를 대상으로 한 컴퓨터 테스트에서 그 효능이 입증되었다.

미국 FDA는 2020년 6월 15일 이 제품을 최초의 ADHD용 디지털 기반 치료제로 공식 승인했다.

2020년부터 독일 의사들은 이 '디지털 치료제'를 처방할 수 있게 되었다. 독일연방 의약품의료기기청이 이 앱을 꼼꼼히 심사한

---

[*] 윤리적 논의를 위해 가정하는 상황이다. 이 가상의 약물은 건강한 사람이 복용하면 부작용 없이 집중력을 높일 수 있다고 가정한다. 생체에 작용하는 효과로 인해 이는 의약품으로 간주될 수 있다. 그러나 현재 의약품은 특정 질병에 대한 효능이 있어야만 한다. 신경 강화제 지지론자들은 건강인을 대상으로 하는 신경 강화의 효용성과 위험성 연구를 허용하도록 규제 완화를 주장하고 있다. 그러나 이러한 특성을 가진 약물은 현재까지 존재하지 않으며, 현행 규제 하에서는 그러한 약물의 개발 자체가 쉽지 않은 상황이다. 이 사고실험은 신경 강화제의 개발과 사용에 관한 윤리적, 법적, 사회적 문제를 고찰하는 데 유용한 틀을 제공한다.

후 의약품 목록에 올린 것이 분명하다. 반면 집중력 향상 목적의
앱은 아직 목록에 등재되지 않았다.

　호프만의 『더벅머리 페터』에서 등장한 '촐랑이 필립'처럼 다리
를 들썩이는 행동은 집중력 부족의 상징으로 여겨져 왔다. 그러나
악기 연주가 아이들의 집중력을 향상시키듯, 우리 몸의 움직임을
적절히 조절하는 것이 오히려 집중력 향상의 열쇠가 될 수 있다.
ADHD 치료에 있어 약물이나 디지털 치료제도 중요하지만, 근
본적으로는 우리 몸 전체를 활용한 훈련이 필요하다. 다리의 안정
은 단순히 가만히 있는 것이 아니라, 전신의 에너지를 효과적으로
관리하고 목적에 맞게 집중하는 통합적 능력을 의미한다.

생각하기 VS
그 생각을 관찰하기

조나단이 검지를 들어 허공에 정사각형을 그렸다. 가로세로 2미터쯤 되었다. 별로 크지 않다며 그는 크게 고개를 끄덕였다. 조나단 옆 모니터에 영상이 흐른다. 오늘 그는 수업 대신 텐진 팔모 Tenzin Palmo를 소개한다.

텐진 팔모는 티베트 전통의 좁은 명상상자에서 수행하고 휴식을 취했다. 너무 비좁아 몸을 펴 눕지도 못하고 오직 곧게 앉아 있을 수밖에 없는 나무 상자였다. 설상가상 눈과 혹한 때문에 수개월씩 바깥세상과 단절되곤 했다.

1943년 영국에서 태어난 그녀는 1960년대 명상을 배우러 인도로 건너와 서양 여성으로는 최초로 불교 승가에 입문했다. 6년간 작은 수도원에서 지내다 1976년, 그녀는 한 걸음 더 나아가 완전한 은둔을 결행했다. 해발 4천 미터 산속 동굴이 그 장소로 선택되었다. 조나단은 몸짓으로 그 동굴이 얼마나 비좁은지 보여주었다. 바로 그 좁은 공간에서 텐진 팔모는 12년을 홀로 살았다.

"명상하러 인도에 오면 이런 일이 일어날 수 있다니까요." 조나단이 나지막이 말했다.

"어쨌든 팔모가 동굴에서 나와 다행이에요. 우리가 직접 12년을 동굴에 쪼그리고 앉지 않아도 그녀에게서 깨달음을 들을 수 있으니까요."

전 세계가 궁금해한다. 과연 텐진 팔모가 동굴에서 마음의 평화를 얻었는지, 그랬다면, 무엇보다 어떻게 그것을 이뤘는지 말이다. 모니터에 흐르는 다큐멘터리에서 그녀가 제자들에게 말했다.

영화관에 앉아있다고 상상해보세요. 영화가 맘에 들면 여러분은 거기에 빠져듭니다. 마치 모든 게 실제 일어나는 것처럼, 바로 눈앞에서 진짜 벌어지는 양 행동합니다. 주인공에게 좋은 일이 생기면 웃고, 나쁜 일이 생기면 근심하며 눈물을 흘립니다.

하지만 자리에서 일어나 돌아보면 영사기 불빛이 보입니다. 벽의 구멍에서 빠져나와 먼지 낀 공기를 뚫고 스크린을 비추는 빛 말입니다. 그제야 우리는 이곳이 영화관임을 깨닫습니다. 방금 본 건 그저 영상일 뿐입니다. 그럼에도 여러분은 영화를 즐깁니다. 그리고 주인공이 죽어도 우리는 죽지 않습니다.

이때 팔모의 날카로운 시선이 제자들의 내면을 꿰뚫듯 향했다. 이어 카메라를 정면으로 응시했다. 그 눈빛이 우리에게로 꽂혔다. 나는 생각했다. 오랫동안 사람을 마주하지 않고 살았는데 어떻게 저토록 강렬하고 집중된 눈빛을 지닐 수 있었을까?

어쩌면 그것이 바로 은둔자의 눈빛인지도 모른다. 텐진 팔모가 말을 이었다.

> 우리의 의식은 끊임없이 상영되는 영화관과 같습니다. 생각과 감정이 스크린 영상처럼 마음속에서 펼쳐집니다. 우리는 그에 휩쓸려 함께 들뜨고 끌려다닐 수 있습니다. 그러나 우리는 또한 일어나 한 발짝 물러서서 이렇게 말할 수 있습니다. '이건 그냥 스크린에 비친 생각일 뿐이야. 현실이 아니야!' 우리의 생각이 곧 우리는 아닙니다. 그래서 나는 내 생각을 관찰할 수 있습니다. 그것이 어떻게 생겨나고 사라지는지 지켜볼 수 있습니다. 그러면 나는 내 생각의 노예가 아니라 그 관찰자가 되는 것입니다. 이것이 훨씬 더 낫지 않겠습니까?

조나단이 정적을 깼다. "가령 여러분이 5학년 때 영어 선생님을 떠올린다면, 그건 기억이에요. 하지만 방금 그 기억을 떠올렸다는 '사실'을 '알아차린다면', 그게 바로 생각을 관찰하는 거예요."

영화에선 어느새 팔모가 다음 장면으로 넘어갔다.

우리 마음의 움직임은 끝없이 출렁이는 파도와 같습니다. 일렁이는 바다, 그것이 우리의 생각입니다. 우리는 보드 위에 꼿꼿이 서 있을 수 있고 파도에 몸을 맡기면 파도는 우리를 높이 올렸다 내리꽂습니다. 우리가 무릎을 굽히고 서핑을 시작하면, 우리는 파도에 휩쓸리지 않습니다.

또다시 조나단이 끼어들었다. "참고로 팔모는 단순히 우리 마음의 이미지를 만드는 데 그치지 않았어요. 그녀는 불교 사찰 내 성평등을 위해서도 애썼죠." 팔모는 2000년 히말라야에 비구니 수도원 '동규 갓살링 눈네리Dongyu Gatsal Ling Nunnery'를 세웠다. 이 다큐멘터리 역시 그곳에서 촬영되었다.

영화 속 텐진 팔모가 말을 이었다.

우리는 마음속에서도 서핑하듯 유연한 무릎이 필요해요. 그래야 생각에 휘둘리지 않고 그 위를 활공할 수 있습니다.

팔모의 눈빛이 다시금 우리를 관통했다.

19 | 무릎

움직일수록
집중력이 높아지는 이유

무릎과 뇌:
신체 활동이 집중력에 미치는 영향

누구의 교육법이 더 우수한가?

무릎 좀 제발 가만히 둬!

– 나의 학창 시절 모든 교사

자, 몇 걸음 걸어 볼까요.

– 기원전 4세기, 아리스토텔레스

무릎 떨기는 흔히 부주의와 불안의 표현으로 인식되어 왔다. 하늘로 날아오를 듯 무릎을 들썩이거나, 나비 날개처럼 옆으로 펄럭이며 서로 부딪히기도 한다. 이는 학생들뿐만 아니라 교사들에게도 나타나는 행동이다(다만 교사들은 잘 지적받지 않는다). 심지어 서 있는 자세에서도 무의식적으로 무릎을 떠는 경우가 있다.

무릎을 가만히 두어야 집중이 된다고 믿지만, 이는 과학적 사실과 일치하지 않는다. 한 실험에서 중학교 1학년 학생들에게 수업 중 실내 자전거를 타고 러닝머신을 달리게 했더니, 이러한 움직임이 오히려 교실의 집중도를 높였다. 열심히 다리를 움직인 학생일수록 집중력이 높아지고 사고력 과목 성적이 향상되었다. 이는 운동이 혈액순환을 촉진하고 뇌에 산소를 공급하며 신경 연결을 활성화하기 때문이다.

움직이며 생각하는 것은 오래된 전통이다. 아리스토텔레스는 이미 교실 대신 아테네 성벽 바깥 공원인 페리파토스(περίπατος)에서 강의했다. '페리파토스'는 '산책'을 뜻하는 그리스어로, 당시 산책로를 일컫는 말이었고, 후에는 아리스토텔레스의 제자와 추종자들을 '산책자'(페리파테티코스)라고 불렀다. 스토아학파 철학자들 역시 거닐며 사색에 잠겼다.

현대에는 이런 접근법이 '액티브 스쿨' 혹은 '매일 체육' 등으로 실현되고 있다. 실험 결과, 매일 체육 수업에 참여한 학생들은 집중력뿐만 아니라 지능검사 점수도 높아졌다. 고등학생들은 30분 조깅 후에 수학이나 쉬는 시간 후보다 집중력 테스트에서 더 우수한 성적을 거뒀다.

그럼에도 운동을 학교나 직장에 도입하는 속도는 더딘 편이다. 산책로나 운동기구가 어디나 갖춰진 것도 아니다. 이런 열악한 여건에서 무릎 떨기는 어쩌면 실용적인 임시방편일지 모른다.

무릎반사:
무의식적 집중

무릎 아래에서 집중을 넘어선 세계로 통하는 문이 열린다. 바로 그곳에 무릎인대가 있다. 무릎인대는 무릎뼈를 가로지르며 허벅지와 정강이를 잇는다. 작은 해머(반사 망치)로 이 부위를 두들기면, 건강한 사람이라면 다리가 저절로 위로 튀어 오른다.

이 반응은 순식간에 일어난다. 반사 작용이기 때문이다. 망치의 타격이 이완 자극을 일으키면 그것이 신경 섬유를 타고 척수로 가서 곧바로 운동 자극으로 '전환'된다. 이렇게 변환된 운동 신호가 허벅지로 되돌아가 근육을 수축시키고 무릎관절이 다리를 펴게 만든다.

이런 반사는 의식적 통제가 불가능하다. 주의력은 외부에 머물러 있고, 움직임은 제어할 수가 없다.

긍정적인 면에서 보자면, 반사는 주의를 기울이지 않아도 작동한다. 이는 신체 보호를 위한 반응이기 때문이다. 가령 걷다가 무언가에 걸려 비틀거릴 때 무릎반사가 나타난다. 우리가 깊은 생각에 빠져 있어도, 넘어지지 않도록 다리를 재빨리 내딛게 하는 것이다.

기다림과 집중:
선택의 순간들

우리 일상은 크고 작은 기다림의 순간들로 가득 차 있다. 이 기다림의 시간을 어떻게 보내느냐에 따라 우리의 집중력과 생산성이 크게 달라질 수 있다. 다양한 기다림의 상황과 그 순간을 어떻게 활용할 수 있는지 살펴보자.

우리가 일상에서 마주하는 기다림은 매우 다양하다.

- 일상적인 기다림: 버스, 이메일 확인, 대답, 다운로드 완료
- 사회적 기다림: "다음 손님 들어오세요", 외출한 자녀의 귀가
- 정서적 기다림: 사과, 용서
- 인생의 중대한 기다림: 장기 기증자, 세계 평화
- 철학적 기다림: 죽음, 사후 세계

이러한 기다림의 순간들은 단순히 시간을 허비하는 것이 아니라, 우리의 집중력을 높이고 자아를 성찰할 수 있는 귀중한 기회가 될 수 있다.

기다림 중에 어떤 행동을 선택할 것인가?

- 신체적 움직임: 무릎 떨기, 손가락으로 드럼 치기, 눈동자 굴리기, 종종걸음 치기
- 정보 습득: 대기실에 비치된 잡지 읽기
- 디지털 활동: 주머니에서 휴대전화 꺼내 사용하기
- 명상: 아무것도 하지 않고 정적 유지하기

이러한 행동들은 단순히 시간을 보내는 것 이상의 의미를 지닌다. 특히 신체적 움직임은 뇌의 활성화를 돕고 집중력을 높이는데 도움이 될 수 있다. 기다리는 동안 우리의 주의를 어디에 집중할 것인가도 중요한 선택이다.

- 기다림 자체에 집중: 현재 순간을 온전히 경험하기
- 시간 때우기: 주변 환경이나 다른 생각으로 주의 돌리기
- 현재 감각에 집중: 지금 이 순간 보고, 듣고, 느낄 수 있는 것에 주의 기울이기

특히 주목할 만한 점은 무릎과 집중력의 관계다. 무릎 꿇기는 여러 맥락에서 집중과 밀접히 연관되어 있다.

- 실제 행동으로: 정원을 가꿀 때처럼 실제로 무릎을 꿇고 작업에 집중하는 경우

- 상징적 행동으로: 종교적 묵상이나 명상에서 무릎을 꿇고 정신을 집중하는 행위
- 관용적 표현으로: "무언가에 무릎을 꿇다"라는 표현처럼 어떤 일에 전념하고 집중한다는 의미

이처럼 기다림의 순간은 단순히 시간을 낭비하는 것이 아니라 우리의 집중력을 향상시키고 자아를 성찰할 수 있는 귀중한 기회다. 이러한 순간을 어떻게 활용하느냐에 따라 우리의 일상 생활의 질과 생산성이 크게 달라진다.

지루한 메시지를 잘 기억하려면

안녕! 토요일에 뭐 해? 생일 파티 준비 중인데 너도 왔으면 해. 사실 내 생일은 아니고, 여동생 제인이 스물한 살이 돼. 주말에 런던에서 오는데, 깜짝 파티 엄청 좋아할 거야. 동생 남자친구 윌리엄도 부를 거고, 옛 학교 친구 클레어도 초대했어. 클레어는 아직 모르지. 클레어 남편 니겔이….

지루한 통화가 2분 30초 넘게 이어진다. 복잡한 생일 파티 계획

에 관한 얘기다. 그것도 점점 더 복잡해진다. 파티에 참석할 8명의 이름, 또 다른 3명, 초대를 거절한 고양이 한 마리, 8개 도시와 그 사이사이 주제에서 벗어난 잡담들까지.

이 졸음 유발 메시지는 영국 심리학 교수 재키 안드레가 고안한 것이다. 실험에서 그는 두 집단에 녹음을 들려주었고, 청취 장소는 지루하고 조용한 분위기였다. 참가자들은 아무것도 기억할 필요가 없다는 안내를 받았다. 한 집단에는 원과 사각형이 그려진 종이를 주어, 메시지를 듣는 동안 "지루함 해소용"이라며 도형을 연필로 채우게 했다. 나중에 안드레는 참가자들에게 어떤 이름과 장소가 기억나는지 물었다.

도형을 채운 사람들은 더 많은 이름과 장소를 기억했으며, 정답률도 높아 귀담아듣지 않은 이들보다 약 30퍼센트 많은 정보를 기억했다. 안드레는 지루한 활동 중 낙서가 두뇌를 활성 상태로 유지한다고 추정했다. 낙서는 딴생각을 막고 주의력을 지키는 데 도움이 될 수 있다는 것이다.

책상 '위'에서 손가락질은 어쩌면 무릎 떨기를 대신할 수 있을지 모른다. 낙서 또한 유사한 역할을 할 것이다. 낙서도 무릎 떨기처럼 집중력 유지에 도움이 될 수 있다. 몸을 가만두지 못하는 게 반드시 집중력 결핍을 의미하진 않는다. 오히려 아주 경청하고 있음을 뜻할 수도 있다.

20 | 발

타인의 세계에
몰입하기

우리는 각자의 세상에서
살아간다

사람은 모두 다르다. 이 말은 당연하게 들린다. 하지만 과학에서는 이를 획기적 변혁으로 여긴다. 우리는 사람이 모두 다르다는 것을 계속해서 경험한다. 2016년에 독일어협회는 '탈진실postfaktisch'을 올해의 단어로 선정했다.[*] 우리가 진실에 다르게 반응하는 탓에 갑자기 진실이 아무 역할도 하지 않는 것처럼 보이는 새로운 상황을 이 단어가 잘 설명해주기 때문이다.

그러나 놀라운 점은 인간의 인식이 주관적이라는 사실 자체가 아니라, 우리가 이 사실을 계속 망각한다는 것이다. 심리학은 이런 망각을 "순진한 사실주의"라고 부른다. 다소 시시하게 들리는

---

[*] 'postfaktisch'('포스트팍티쉬', 탈진실)는 사실보다 감정이 더 중요해지는 상황을 뜻한다. 예를 들어, 과학적 증거가 명백하더라도 개인의 믿음이나 느낌에 따라 행동하는 경우를 말한다. 이는 현대 사회에서 진실과 거짓의 경계가 모호해지는 현상을 반영한다.

이름이지만, 우리가 쉽게 빠질 수 있는 함정을 적절하게 설명한다. 우리는 세상을 매우 객관적으로 인식한다고 확신하고, 그래서 다른 사람도 모두 우리와 똑같이 인식한다고 믿는다.

순진한 사실주의를 입증한 가장 유명한 실험은 심리학자 엘리자베스 뉴턴의 '뮤지컬 태핑Musical Tapping' 실험이다. 뉴턴은 참가자들에게 익숙한 노래를 책상 두드리기로 표현하게 하고, 그 연주를 들은 사람들 중 몇 명이나 제목을 맞힐지 예측하게 했다. 피험자들은 앞에 앉은 사람들의 절반 정도는 제목을 맞힐 거라 예측했다. 그러나 정답자는 2.5퍼센트에 불과했다. 이렇게 어렵지 않은 상황에서조차, 세상의 절반이 자신과 똑같은 멜로디를 자동으로 떠올리지 않는다는 생각을 미처 하지 못한다.

순진한 사실주의는 문제의 근원이 될 수 있다. 사람들은 자신의 세계관이 보편적이라 믿고, 당연히 모두가 같은 결론에 도달할 거라 기대한다. 하지만 타인의 반응이 예상과 다르면, 순진한 사실주의에 빠진 이는 그들이 a) 정보 부족 b) 지적 능력 결여 c) 편견에 사로잡혔다고 단정 짓는다.

한 실험에서 대학생들에게 중동 갈등 관련 뉴스를 보여줬다. 이스라엘 지지자와 팔레스타인 지지자 모두 같은 영상을 봤음에도 상대편에 유리하게 왜곡됐다며 비난했다. 두 집단 모두 영상제작자를 편파적이라고 여겼다. 연구진은 이를 '적대적 미디어 효과Hostile-Media-Effect'라고 불렀다.

순진한 사실주의 개념은 철학에서 유래했는데, 철학에서는 더욱 근본적으로 감각적 지각을 다룬다. 우리가 보는 녹색 공은 진짜 그 모습일까? 순진한 사실주의 철학자는 우리가 보는 그대로 녹색 공이라고 말한다. 반면 비판론자들은 겹눈을 가진 파리는 전혀 다른 윤곽과 색상을 본다고 반박한다. 그렇다면 누가 진정한 현실을 보는 걸까? 사람일까, 파리일까, 아니면 둘 다 아닐까?

우리는 인간과 파리의 세상 인식이 다르다는 점을 쉽게 이해한다. 그러나 남들도 나와 다르게 세상을 볼 수 있다는 사실을 받아들이기는 어려워한다. 순진한 사실주의에 갇히면 직장, 인간관계, 정치논쟁 등 삶의 여러 영역에서 어려움을 겪는다. 이를 극복하려는 노력을 우리는 종종 발과 관련된 관용구로 표현한다. "다른 사람의 입장에 서보기", "남의 신발을 신고 걸어보기" 같은 말들이다.

타인의 신발을 신고 걷는 일은 쉽지 않아 보인다. 실제로도 그렇다. 익숙하지 않은 방식으로 집중해야 하기 때문이다. 우리는 보통 집중이 흐트러지는 걸 싫어한다. 그러나 다양한 관점과 상황을 향해 생각이 흘러갈 때 비로소 순진한 사실주의에서 벗어날 수 있다. 이는 무작정 딴생각하는 게 아니라 의도적으로 다른 관점을 보는 것이다. 그런 의미에서 '집중 탈피'는 모든 공감의 토대가 된다.

심리적 현실 vs
실제 현실

$$V = f(P, U)$$

1936년, 사회심리학자 쿠르트 레빈Kurt Lewin은 이 방정식을 고안했다. 함수(f)의 변수들은 실제 계산이 아닌 관계를 보여준다. 이 함수 방정식에서 어떤 사람의 행동(V)은 그가 처한 환경(U)과 그 자신(P) 두 가지에 달려 있다. 따라서 사람들은 똑같은 외적 상황에서도 전혀 다르게 반응할 수 있다. 우리가 상황을 어떻게 인식하느냐는 나이, 경험, 지식, 성격, 가치관, 소망, 직업, 소득, 가정, 거주지, 건강, 교육 수준 등 개인의 특성에 좌우되기 때문이다. 같은 현실이라도 저마다 다른 세부 내용, 다른 핵심, 다른 측면에 집중하게 된다.

이 방정식은 수학이 아닌 심리학에서 나왔다. 간단히 말하면, 이 방정식은 같은 공간에 있는 두 사람이 왜 한 사람은 춥게, 다른 사람은 덥게 느끼는지를 설명해준다. 같은 사과가 어떤 이에겐 달콤하고 다른 이에겐 새콤한 이유, 또 같은 세계, 같은 인터넷, 같은 나라, 같은 가정에 사는 사람들이 이민, 환경, 바이러스 같은 정치 문제에 왜 정반대 견해를 갖는지도 이 방정식으로 해명할 수 있다.

방정식에 따르면, 우리 행동에 결정적 영향을 미치는 것은 현실이 어떠냐가 아니라, 그 현실을 우리가 어떻게 인식하느냐다. 레빈은 이를 "심리적 현실"이라고 불렀고, 그것이 현실 세계에 "존재하느냐 존재하지 않느냐"는 중요하지 않았다. 레빈의 가정은 여러 실험에서 입증되었다. 예를 들어, 미국의 한 연구에서 판사는 자신이 응원하는 풋볼팀이 패하면 더 엄하게 판결했다. 풋볼 경기 관중 역시 '그들의' 팀이냐 상대팀이냐에 따라 반칙 횟수를 '다르게' 보았다.

레빈은 각자가 세상을 다르게 본다는 것을 증명했다. 이는 타인의 관점을 이해하고 존중하는 것의 중요성을 강조한다. 같은 상황에서도 다양한 반응이 나올 수 있다는 점을 인정함으로써, 우리는 더 열린 마음과 공감의 자세로 서로를 대할 수 있다. 결국, 이러한 이해는 우리 사회를 더욱 포용적이고 조화로운 곳으로 만드는 데 기여한다.

생각이 내려앉을 곳
없애기

나는 히말라야의 고요 속에 여전히 머물러 있다. 열흘간의 침묵 세미나 마지막 날, 오후 휴식 시간이다. 내일이면 엄격한 침묵 규칙이 풀리고 우리는 서로 이야기를 나눌 것이다. 내 안에서, 아마 다른 이들 안에서도 불안감이 퍼져간다. 모두가 그걸 느낀다. 일상으로 돌아가면 어떻게 될까? 무엇이 남을까? 여기서 깨달은 것들이 복잡한 일상에서도 과연 적용될 수 있을까?

나는 숲으로 발걸음을 옮긴다. 산들바람이 살갗을 스치는 감각을 느끼며 고요한 리듬으로 마른 삼나무 잎을 맨발이 밟아 부수는 소리에 귀 기울인다. 계곡 너머 침엽수 사이로 보이는 산봉우리를 바라보았다. 한 원숭이가 재빠르게 동료를 쫓아 나무를 타고 올랐고, 또 다른 원숭이가 멀리서 그 모습을 지켜보고 있었다. 나는 한 발을 다른 발 앞에 내디뎠다. 바람이 나뭇가지를 흔들었다.

"옛날 인도 상인들은 항해할 때 까마귀를 데려갔어요." 조나단의 목소리가 내 머릿속에서 메아리친다. "선원들은 까마귀를 새장에 가둡니다. 하지만 넓은 바다에서 방향을 잃으면, 까마귀를 놓아주고 그 비행을 지켜봅니다. 새장에서 필사적으로 벗어나려 했던 까마귀들은 높이 더 높이 날아오르며 점점 커지는 원을 그립니다. 멀리 육지가 보이면 새는 그리로 날아가고, 선원들은 그 뒤를 따릅니다. 하지만 까마귀가 되돌아오면, 주변에 육지가 없다는 것을 알게 되죠."

어디서 들어본 듯한 이야기다. 선원들이 방향을 찾으려 새를 이용한 건 모든 문화권에 있었을 것이다. 성경에서도 노아는 홍수가 물러갔는지 확인하고자 방주에서 까마귀와 비둘기를 각각 한 마리씩 날려 보냈다.

그러나 조나단의 진짜 관심사는 인도 선원의 항해 이야기를 들려주는 데 있지 않았다. 그는 새가 다시 돌아온 경우에 주목했다. 까마귀도 비둘기도 영원히 날 수 없고, 헤엄치지도 못한다. 육지가 보이지 않으면, 아무리 열심히 찾아도 내려앉을 곳, 발톱으로 움켜쥘 것이 없다. 그들에겐 방금 떠난 새장으로 돌아가는 것 말고는 선택지가 없다.

"생각을 누르고 통제하는 게 집중이라 믿었다면 오해입니다. 우리 인간에겐 그런 능력이 없어요."

조나단의 말에 우리는 서로를 보며 안도했다.

"하지만 생각이 나타나는 것을 알아차리고, 생각이 어떻게 생기는지 관찰할 수 있다면, 여러분은 이미 엄청난 성과를 거둔 겁니다." 조나단이 이어 말했다.

"생각이 내려앉을 곳, 육지를 없애는 데 성공하고, 생각을 원래 자리로 돌려보낼 수 있다면, 여러분은 생각의 지배에서 벗어나게 됩니다."

모든 퍼즐 조각이 제자리를 찾아갔다. 숲을 거닐며 나는 명확히 깨달았다.

"생각이 내려앉을 곳 없애기!"

지난 며칠간의 여정에서 조나단이 우리에게 가르치려 한 게 바로 그것이었다.

집착에서 벗어나기! 사물이나 사람에 대한 지나친 집착을 버리고, 과도한 욕망과 혐오를 경계하면 생각이 내려앉을 몇몇 착륙지를 없앨 수 있다. 자비 명상! 맑은 정신으로 분노를 바라보고 타인 역시 행복을 추구한다는 사실을 기억하면, 더 많은 생각의 착륙지가 사라진다. 과장된 자아에 덜 집착하면, 생각이 파고들 틈새가 없어진다.

"어떤 생각이 머릿속에서 너무 커진다면, 어쩌면 머리가 너무 작은 것일 수 있습니다." 조나단의 말이 떠올랐다.

우리는 생각을 통제하지 않는다.

생각 또한 우리를 통제하지 않는다.

생각을 자유롭게 놓아주되, 그것이 착륙할 지점은 하나도 남기지 않는다. 이것이 무아(無我)이다.

침묵 세미나 초반이었다면, 나는 이 말의 의미를 제대로 이해하지 못했을 것이다. 그때의 나는 집중력 향상이 곧 생각을 조종하거나 차단하는 것이라 여겼을 터다.

"현재에 충실하라"는 말의 중요성은 알았지만, 그때의 나는 '현재'를 그저 마음 편한 상태로, '집중'을 머리를 비우는 것쯤으로 단순하게 생각했다. 지금 와서 보니 조나단의 접근법이 열흘 전 내가 상상했던 것만큼 신비롭거나 비현실적으로 느껴지지 않는다. 이는 2500년 전 낯선 시대의 부처 세계를 둘러보는 명상 소풍이 아니다. 오늘날 바쁜 직장인들을 위한 구체적 기술인 것이다.

처음으로 다른 참가자들의 목소리를 듣고, 그들의 정체와 출신을 알게 될 것이다. 우리는 보관함 속 투명 봉투에서 스마트폰을 꺼내고, 옷가지를 배낭에 쑤셔 넣은 뒤, 수도원을 떠나왔던 길을 따라 화장지 파는 가게를 지나 계곡 아래로 내려갈 것이다.

미래의 장면들이 파노라마처럼 스쳐갔다. 북적이는 뉴델리 공항, 집으로 향하는 비행기, 가족들과 친구들의 모습. 그들에게 나는 어떤 이야기를 들려주게 될까?

이 순간은 다시 오지 않을 것이다. 바람은 결코 지금과 같은 모습으로 불지 않을 것이고, 나뭇가지는 똑같이 움직이지 않을 것이며, 내 발이 같은 방식으로 돌에 걸리지도 않을 것이다. 원숭이들 역시 지금과 같은 모습으로 앉아있지 않을 것이다. 걸음마다 나는 이 순간이 다음 순간으로 어떻게 흘러가는지를 온몸으로 느꼈다.

토비아스 도르퍼Tobias Dorfer와 카이 타일레만Kai Theilemann 의학박사는 세심한 검토와 함께 소중한 조언을 아끼지 않았다.

티네만에스링거 출판사는 기꺼이 『더벅머리 페터』의 삽화를 흔쾌히 제공해주었다.

오랜 세월 함께한 에이전트 바르바라 벤너는 이번에도 이 책이 제자리를 찾도록 힘써주었다.

슈테파니 크라츠, 일레네 호우벤, 그리고 키펜호이어 앤 비취 출판사의 뛰어난 팀원들이 열정과 창의력을 쏟아 이 책을 세상에 선보일 수 있게 해주었다.

모든 분께 진심 어린 감사를 전한다.

폴커 키츠

>>> 참고문헌 <<<

- 서두(5쪽)의 윌리엄 제임스 인용구는 『심리학의 원리 *The Principles of Psychology*』, 뉴욕 1890/1958, 21장에서 가져왔다. 영어 원문은 다음과 같다. "For the moment, what we attend to, is reality."

저자 서문

- 금붕어와 인간력 지속시간 비교의 탄생 경위와 그것이 헛소리인 이유: Tina Bauer, ⟨Die Mär von 8 Sekunden: Warum wir eine höhere Aufmerksamkeitsspanne als Goldfische haben⟩, *onlinemarketing.de*, 2017년 6월 16일.
- 전자매체가 뇌에 미치는 영향: Joseph Firth, John Torous, Brendon Stubbs, Josh A. Firth, Genevieve Z. Steiner, Lee Smith, Mario Alvarez-Jimenez, John Gleeson, Davy Vancampfort, Christopher J. Armitage, Jerome Sarris, ⟨The 'Online Brain': How the Internet may be Changing our Cognition⟩, *World Psychiatry*, 2019, 119-129.

1. 머리

- 제임스 조이스의 『율리시스』 발췌문은 한국어 번역본(김종건 옮김, 생각의 나무, 2007)을 참고했다. 윌리엄 제임스의 인용구는 그의 책 11장에서 발췌했다.
- 일한 아타소이의 시 암송 기억력: Gerhard Richter, ⟨Tausend Gedichte im Kopf⟩, *Deutschlandfunk Kultur*, 2014년 4월 9일.
- 중국 학교의 뇌전도 머리띠 실험: Yvaine Ye, ⟨Brain-reading Headsets Trialled on 10,000 Schoolchildren in China⟩, New Scientist, 2019년 1월 14일.

- 오랜 명상 수련이 뇌파에 미치는 영향: Antoine Lutz, Lawrence L. Greischar, Nancy B. Rawlings, Matthieu Ricard, Richard J. Davidson, 〈Long-Term Meditators Self-Induce High-Amplitude Gamma Synchrony During Mental Practice〉, *Proceedings of the National Academy of Sciences of the United States of America* 2004, 16369-16373
- 표도르 도스토옙스키는 1863년 러시아 월간지 『브렘자*Wremja*』에 발행한 에세이 「여름 인상에 대한 겨울 기록Winterliche Aufzeichnungen über sommerliche Eindrücke」에서, 자꾸만 생각나는 북극곰에 화를 냈다(6장에서 인용).
- 역설적 과정: Daniel M. Wegner, 〈Ironic Processes of Mental Control〉, *Psychological Review* 1994, 34-52
- 집중된 딴생각에 관한 연구: Daniel M. Wegner, David J. Schneider, Samuel R. Carter, Teri L. White, 〈Paradoxical Effects of Thoughts Suppression〉, *Journal of Personality and Social Psychology*, 1987, 5 - 13.

2. 눈

- 이마누엘 칸트의 인용구: 『어느 시령자의 꿈*Träume eines Geistersehers*』, Königsberg 1766.
- 알프레드 모리Alfred Maury의 생각: 〈Des hallucinations hypnagogiques, ou des erreurs des sens dans l'etat intermediaire entre la veille et le sommeil〉, *Annales Medico-Psychologiques du système nerveux* 1848, 26-40.
- 에드거 앨런 포는 자신의 실망감을 여백에 적었다. Graham's Magazine, 1846.
- 플레데릭 마이어스는 다음에서 인용되었다. Richard Anders, 『*Wolkenlesen. Über hypnagoge Halluzinationen, automatisches Schreiben und andere Inspirationsquellen*』, Greifswald 2003, 19.
- 변화맹에 관한 몇 가지 놀라운 실험들: Daniel J. Simons, Michael S. Ambinder, 〈Change Blindness: Theory and Consequences〉, *Current Directions in Psychological Science*, 2005, 44 - 48.
- 〈사물의 본성에 관하여*De rerum natura*〉는 기원전 1세기 로마 시인 루크레티우스가 쓴 교훈적인 시 제목이다. 축약한 문단은 헤르만 딜스Hermann Diels가

1924년에 독일어로 번역한 제4권(인식, 생각, 욕망)에서 발췌한 것을 한국어로 옮겼다.

- 앙리 피에론의 초기 수면연구: 『Le problème physiologique du sommeil』, Paris 1913.
- 알렉산더 보르벨리Alexander Borbély의 수면 모델: 〈The Two-Process Model of Sleep Regulation: A Reappraisal〉, *Journal of Sleep Research* 2016, 131-143.
- 수면 부족이 미치는 효과에 관한 몇 가지 실험은 다음과 같다. Ann Williamson, Anne-Marie Feyer, 〈Moderate Sleep Deprivation Produces Impairments in Cognitive and Motor Performance Equivalent to Legally Prescribed Levels of Alcohol Intoxication〉, *Occupational and Environmental Medicine*, 2000, 649 - 655; Michelle E. Stepan, Kimberly M. Fenn, and Erik M. Altmann, 〈Effects of Sleep Deprivation on Procedural Errors〉, *Journal of Experimental Psychology*, 2019, 1828 - 1833; David Elmenhorst, Eva-Maria Elmenhorst, Norbert Luks, Hartmut Maass, Ernst-Wilhelm Mueller, Martin Vejvoda, Juergen Wenzel, Alexander Samel, 〈Performance Impairment During Four Days Partial Sleep Deprivation Compared with the Acute Effects of Alcohol and Hypoxia〉, *Sleep Medicine*, 2008, 189 - 197; Techniker Krankenkasse, 『Schlaf gut, Deutschland』, Hamburg 2017; Conor J. Wild, Emily S. Nichols, Michael E. Battista, Bobby Stojanoski, Adrian M. Owen, 〈Dissociable Effects of Self-Reported Daily Sleep Duration on High-Level Cognitive Abilities〉, *Sleep*, 2018, 1 - 11.

3. 귀

- 볼프강 아마데우스 모차르트의 1781년 작 〈피아노 두 대를 위한 소나타 D장조〉의 작품 번호는 KV448이다. 이것은 Frances H. Rauscher, Gordon L. Shaw, Catherine N. Ky, 〈Music and Spatial Task Performance〉, *Nature*, 1993, 611에서 인지과학으로 드높여졌다. 그 후 Kenneth M. Steele, Simone Dalla Bella, Isabelle Peretz, Tracey Dunlop, Lloyd A. Dawe, G. Keith Humphrey, Roberta A. Shannon, Johnny L. Kirby Jr, C. G. Olmstead, 〈Prelude or Requiem for the 'Mozart Effect'?〉, *Nature*, 1999, 827 - 828에서 다시 냉정해졌다.

- 음악 선호가 집중에 미치는 영향 연구: George Caldwell, Leigh Riby, 〈The Effects of Music Exposure and own Genre Preference on Conscious and Unconscious Cognitive Processes: A pilot ERP study〉, *Consciousness and Cognition*, 2008, 992 – 996.
- 인간의 귀 쫑긋 세우기: Daniel J. Strauss, Farah I. Corona–Strauss, Andreas Schroeer, Philipp Flotho, Ronny Hannemann, Steven A. Hackley, 〈Vestigial Auriculomotor Activity Indicates the Direction of Auditory Attention in Humans〉, 2020, *eLife*, 9: e54536.
- 모든 감각의 절대 임곗값: Richard J. Gerrig, 『*Psychologie*』, 21번째 개정판, München 2018, 131.
- 영국 심리학자 도널드 브로드벤트Donald Broadbent가 『*Perceptions and Communication*』, Oxford 1958에서 '집중의 필터이론'으로, 중요하지 않은 자극이 솎아진다고 가정했다. 그러나 양쪽 귀로 따로따로 듣기의 실험(E. Colin Cherry, 〈Some Experiments on the Recognition of Speech, with One and with Two Ears〉, *The Journal of the Acoustical Society of America*, 1953, 974 – 979)과 칵테일파티 현상(Noelle Wood, Nelson Cowan, 〈The Cocktail Party Phenomenon Revisited: How Frequent are Attention Shifts to one's Name in an Irrelevant Auditory Channel?〉 *Journal of Experimental Psychology: Learning, Memory, and Cognition*, 1995, 255 – 260)이 명확히 보여주듯, 이런 솎아내기는 브로드벤트가 가정한 것만큼 그렇게 일찍 일어나지 않는다.
- 소음이 집중력에 미치는 영향에 관한 242개 연구: James L. Szalma, Peter A. Hancock, 〈Noise Effects on Human Performance: A Meta–Analytic Synthesis〉, *Psychological Bulletin*, 2011, 682–707.
- 빗소리 예찬: Alice Mado Proverbio, Francesco De Benedetto, Maria Vittoria Ferrari, Giorgia Ferrarini, 〈When Listening to Rain Sounds Boosts Arithmetic Ability〉, *PLoS ONE*, 2018, 13(2): e0192296.
- 전화의 칵테일파티 효과: Anja Roye, Thomas Jacobsen, Erich Schröger, 〈Personal Significance Is Encoded Automatically by the Human Brain: An Event–Related Potential Study with Ringtones〉, *European Journal of*

Neuroscience, 2007, 784−790.

- 호메로스의 서사시 『오디세이아』에 나오는 12번째 노래: 요한 하인리히 포스 Johann Heinrich Voß의 번역본.
- 파울 루에크의 '소리 진동을 없애는 과정'에 대한 특허권 Nr. US2043416A를 미국 특허청에서 1936년 6월 9일에 인정했다. 설계도는 원본을 보고 그렸다.
- 귀마개 '오로팍스'의 100주년 기념사: Ariel Magnus, 〈Endlich Ruhe〉, taz, 2007년 3월 28일, 13.
- '캄 오피스'는 다음 웹사이트에서 이용할 수 있다.
  https://mynoise.net/NoiseMachines/openOfficeNoiseGenerator.php

4. 코

- 코 길이 연구: Andreas Zankl, Lukas Eberle, Luciano Molinari, Albert Schinzel, 〈Growth Charts for Nose Length, Nasal Protrusion, and Philtrum Length from Birth to 97 Years〉, *American Journal of Medical Genetics*, 2002, 388 – 391; Richard Kayser, 〈Die exakte Messung der Luftdurchgängigkeit der Nase〉, *Archiv für Laryngologie und Rhinologie*, 1895, 101-120.
- 잠수 비교: Paul Valéry 『Ich grase meine Gehirnwiese ab』, Frankfurt am Main 2016.
- 아눌로마 빌로마(교호 호흡)에 대한 메타연구: Shreya Ghiya, 〈Alternate Nostril Breathing: A Systematic Review of Clinical Trials〉, *International Journal of Research in Medical Sciences*, 2017, 3273-3286.
- 코 성형 트렌드: Brittany Ward, Max Ward, Ohad Fried, Boris Paskhover, 〈Nasal Distortion in Short−Distance Photographs: The Selfie Effect〉 *JAMA Facial Plastic Surgery*, 2018, 333 – 335. Patrick Süskind, 『Das Parfum. Die Geschichte eines Mörders』, Zürich 1985(32장과 51장에서 인용).
- 냄새 연구의 최신 지식: Ute Eberle, 〈Die Macht der Gerüche〉, *wissenschaft. de*, 2004년 4월 20일.

5. 입

- 요한 볼프강 폰 괴테는 1816/1817년에 이탈리아 미술계에 대한 자신의 지식을 『이탈리아 여행*Italienische Reise*』에서 1787년 6월부터 1788년 4월까지의 두 번째 로마 체류에 대한 '9월/보도' 장에서 말했다. 고트프리트 빌헬름 라이프니츠가 1704년에 〈인간오성신론Neue Abhandlungen über den menschlichen Verstand〉의 서문에서 먼저 이것을 추측했다.

- 태아의 습관화 입증: Albrecht Peiper, 〈Sinnesempfindungen des Kindes vor seiner Geburt〉, *Monatsschrift für Kinderheilkunde*, 1925, 237-241.

- 인식의 범주화: Joseph P. Redden, 〈Reducing Satiation: The Role of Categorization Level〉, *Journal of Consumer Research*, 2008, 624-634.

- 설탕에 관한 오해: Konstantinos Mantantzis, Friederike Schlaghecken, Sandra I. Sünram-Lea, Elizabeth A. Maylor, 〈Sugar Rush or Sugar Crash? A Meta-Analysis of Carbohydrate Effects on Mood〉, *Neuroscience & Biobehavioral Reviews* 2019, 45-67.

- 설탕 가글 효과: Matthew A. Sanders, Steve D. Shirk, Chris J. Burgin, Leonard L. Martin, 〈The Gargle Effect: Rinsing the Mouth With Glucose Enhances Self-Control〉, *Psychological Science* 2012, 1470-1472.

- 껌과 집중력: Kate Morgan, Andrew J. Johnson, Christopher Miles, 〈Chewing Gum Moderates the Vigilance Decrement〉, *British Journal of Psychology*, 2014, 214-225.

6. 목

- 목의 경련: Brian Corneil, Douglas Munoz, Brendan Chapman, Tania Admans, Sharon Cushing, 〈Neuromuscular Consequences of Reflexive Covert Orienting〉, *Nature Neuroscience* 2008, 13-15.

- 철학에서 집중과 산만 사이의 갈등: Walter Mesch, theôrein/theôria, in: Christoph Horn, Christof Rapp (엮음), 『*Wörterbuch der antiken Philosophie*』, München 2002, 436 이하; Augustinus, 『*Bekenntnisse*』, Leipzig 1888, 10권, 40장; Hans Adler, 〈Bändigung des (Un)Möglichen: Die ambivalente Beziehung zwischen Aufmerksamkeit und Aufklärung〉, in Jörn Steigerwald, Daniela Watzke (엮음), 『Reiz, Imagination, Aufmerksamkeit』, Würzburg 2003, 43. 현대: Clayton M. Christensen, 『The Innovator's Dilemma: When New Technologies Cause Great Firms to Fail』, Boston, Massachusetts 1997.

- 독일의 산업안전보건 보고서: Marcel Lück, Lena Hünefeld, Simone Brenscheidt, Meike Bödefeld, Anja Hünefeld, 〈Bundesanstalt für Arbeitsschutz und Arbeitsmedizin〉, *Grundauswertung der BIBB/BAuA-Erwerbstätigenbefragung 2018*, 2. Auflage, Dortmund/Berlin/Dresden 2019, 36.

- 미국의 산업안전보건 보고서: Gloria Mark, Victor M. Gonzalez, Justin Harris, 〈No Task Left Behind? Examining the Nature of Fragmented Work〉, *Proceedings of the 2005 CHI Conference on Human Factors in Computing Systems.*

- 최신 연구 상태: Mohammed Alkahtani, Mustufa Haider Abidi, Ali Ahmad, Saber Darmoul, Shatha Samman, Mageed Ghaleb, 〈Human Interruption Management in Workplace Environments: An Overview〉, *Engineering, Technology & Applied Science Research*, 2020, 5452-5458.

- 스마트폰의 장거리 효과: Adrian F. Ward, Kristen Duke, Ayelet Gneezy, Maarten W. Bos, 〈Brain Drain: The Mere Presence of One's Own Smartphone Reduces Available Cognitive Capacity〉, *Journal of the Association for Consumer Research*, 2017, 140 - 154.

- 선택 역설에 관한 모든 것: Barry Schwartz, 『Paradox of Choice』, New York 2004.

7. 어깨

- 바퀴벌레 경주 실험: Robert B. Zajonc, Alexander Heingartner, Edward M. Herman, 〈Social Enhancement and Impairment of Performance in the Cockroach〉, Journal of Personality and Social Psychology, 1969, 83 - 92.

- 어깨너머로 보는 인간의 시선: Hazel R. Markus, 〈The Effect of Mere Presence on Social Facilitation: An Unobtrusive Test〉 *Journal of Experimental Social Psychology*, 1978, 389 - 397.

- 악한 죄: Thomas von Aquin, 『Summa theologica(Summe der Theologie)』, 5권, 1장(Der sittliche Charakter der menschlichen Handlungen und die menschlichen Leidenschaften), 1887.
- 잠복과 집중: Karl Groos, 『Die Spiele der Menschen』, Jena 1899, 180 이하.

8. 가슴

- 로베르트 무질의 질병 기록 과정: Karl Corino, 『Robert Musil. Eine Biographie』, Reinbek 2003, 438쪽.
- 신경쇠약: George M. Beard, 『American Nervousness, its Causes and Consequences: A Supplement to Nervous Exhaustion (Neurasthenia)』, New York 1881.
- 에밀 졸라의 인용구: 『Das Paradies der Damen』, Hilda Westphal 번역, Frankfurt am Main 2004.
- 에밀 졸라의 신경쇠약 묘사: Michael Hagner, 『Geniale Gehirne. Zur Geschichte der Elitegehirnforschung』, Göttingen 2004, 193쪽 이하.
- 청년들의 정신병: Thomas G. Grobe, Susanne Steinmann, Joachim Szecsenyi, 『Arztreport 2018』, Schriftenreihe der Barmer zur Gesundheitsanalyse, Siegburg 2018, 122 이하.
- 사회적 관점: Alain Ehrenberg, 『Das erschöpfte Selbst: Depression und Gesellschaft in der Gegenwart』, Frankfurt am Main/New York 2004, 247.
- '흉부, 심장 및 혈관 외과 독일협회'가 심장외과에 대한 역사적 총괄을 제공했다. 다음에서 확인할 수 있다. www.dgthg.de/de/Geschichte
- 흥미에 관한 인용구: Claude-Adrien Helvétius, 『Herrn Johann Claudius Hadrian Helvetius hinterlassenes Werk vom Menschen, von dessen Geistes-Kräften, und von der Erziehung desselben』, Christian August Wichmann 번역, Breslau 1774, 16장; Christian Garve, 『Sammlung einiger Abhandlungen』, Leipzig 1779, 196쪽; Theobald Ziegler, 『Das Gefühl. Eine psychologische Untersuchung』, Leipzig 1899, 45; Wilhelm Schuppe, 『Grundriss der Erkenntnistheorie und Logik』, Berlin 1894, 14.
- 흥미에 관한 심리학 모델 설명: Andreas Krapp, 〈Das Interessenkonstrukt:

Bestimmungsmerkmale der Interessenhandlung und des individuellen Interesses aus der Sicht einer Person—Gegenstands—Konzeption〉, in: Andreas Krapp, Manfred Prenzel (엮음), 『*Interesse, Lernen, Leistung: Neuere Ansätze der pädagogisch-psychologischen Interessenforschung*』, Münster 1992, 297 – 329.

• 칙센트미하이는 한 인터뷰에서 자신의 삶을 살핀다. 〈Kristine Marin Kawamura, Phd, Interviews Míhaly Csíkszentmihályi, Phd〉, *Cross Cultural Management: An International Journal,* 2014, Vol. 21(4).

• 칙센트미하이의 몰입 이론 설명: Míhaly Csíkszentmihályi, 『*Flow. Das Geheimnis des Glücks*』, 6. Auflage, Stuttgart 2019.

• 애쓰지 않는 주의집중에 관한 연구 전반: Brian Bruya (엮음), 『*Effortless Attention: A New Perspective in the Cognitive Science of Attention and Action*』, Cambridge 2010.

• 지루함에 관한 인용구: Arthur Schopenhauer, 『*Aphorismen zur Lebensweisheit*』, 1851, 5장.

• 로베르트 무질의 마지막 인용구: Robert Musil, 『*Der Mann ohne Eigenschaften*』, Reinbek 1978, 1권, 20.

9. 등

• 'pre—crastination(미리하기)'는 우연히 발견되었다. David A. Rosenbaum, Lanyun Gong, Cory Adam Potts, 〈Pre—Crastination: Hastening Subgoal Completion at the Expense of Extra Physical Effort〉, *Psychological Science*, 2014, 1487 – 1496.

• 로미오와 줄리엣에 관한 인용구: Sascha Lobo, Kathrin Passig, 『*Dinge geregelt kriegen–ohne einen Funken Selbstdisziplin*』, Berlin 2008, 108.

• 로버트 벤츨리의 인용구: 〈How to Get Things Done. One Week in the Life of a Writing Man〉, *Chicago Sunday Tribune*, 1930년 2월 2일. 6.

• 행동단계의 루비콘모델: Heinz Heckhausen, Peter M. Gollwitzer, Franz E. Weinert, 『*Jenseits des Rubikon*』, Berlin/Heidelberg 1987.

• 작업시간 제한치료법: Anna Höcker, Margarita Engberding, Ruth

Haferkamp, Fred Rist, 〈Wirksamkeit von Arbeitszeitrestriktion in der Prokrastinationsbehandlung〉, *Verhaltenstherapie* 2012, 9 - 16.

• 편안한 활동을 할 때의 휴식 효과 실험: Leif D. Nelson, Tom Meyvis, Jeff Galak, 〈Enhancing the Television-Viewing Experience Through Commercial Interruptions〉, *Journal of Consumer Research*, 2009, 160 - 172.

• 구름 모양 관찰: Luke Howard, 『On the Modification of Clouds』, London 1803, 5.

• 구름감상협회: Achim Hahn, 〈Himmelslandschaften. Über die Faszination der Wolken〉, *Deutschlandfunk Kultur*, 2015년 12월 27일.

10. 팔

• 알브레히트 뒤러, 13세 소년의 자화상, 흰색 종이에 은첨필로 그림, 1484년, 알베르티나Albertina의 그래픽 컬렉션, 빈.

• 기술의 멀티태스킹: 국제사무기기회사 IBM, 『Operating System/360 Concepts and Facilities』, 1965.

• 인간의 멀티태스킹 실험: Gloria Mark, Shamsi Iqbal, Mary Czerwinski, Paul Johns, Akane Sano, 〈Neurotics Can't Focus: An in situ Study of Online Multitasking in the Workplace〉, *Proceedings of the 2016 CHI Conference on Human Factors in Computing Systems*; David L. Strayer, William A. Johnston, 〈Driven to Distraction: Dual-Task Studies of Simulated Driving and Conversing on a Cellular Telephone〉, *Psychological Science*, 2001, 462 - 466; Eyal Ophir, Clifford Nass, Anthony D. Wagner, 〈Cognitive Control in Media Multitaskers〉, *Proceedings of the National Academy of Sciences of the United States of America*, 2009, 15583 - 15587.

• 빛의 깜빡임 실험: Fleura Bardhi, Andrew J. Rohm, Fareena Sultan, 〈Tuning in and Tuning out: Media Multitasking Among Young Consumers〉 *Journal of Consumer Behaviour*, 2010, 316 - 332.

• 데이브 피니건의 이야기: Dave Finnigan, 『Zen in der Kunst des Jonglierens』, 베른 1993.

• 저글링에 의한 뇌의 변화: Bogdan Draganski, Christian Gaser, Volker Busch,

Gerhard Schuierer, Ulrich Bogdahn, Arne May, 〈Changes in Grey Matter Induced by Training. Newly Honed Juggling Skills Show up as a Transient Feature on a Brain−Imaging Scan〉, *Nature*, 2004, 311 - 312.

11. 팔꿈치

• 책을 읽을 때 뇌에서 일어나는 일: Raoul Schrott, Arthur Jacobs, 『*Gehirn und Gedicht. Wie wir unsere Wirklichkeit konstruieren*』, München 2011.
• 아우구스티누스에 관한 인용: Alberto Manguel, 『*A History of Reading*』, New York 1996, 2장.
• 카테리나 가브리엘리 이야기: 『*The Repository of Arts, Literature, Fashions, Manufactures, &c.*』, Vol 3, London 1817, 130.
• 도서관에 갇힌 여성 이야기: 2020년 로이틀링겐 경찰보고서, 〈POL−RT: Unfälle, Zeugensuchmeldung, Person eingeschlossen〉, 2020년 6월 20일 보도 자료.
• 독서 연구의 최신 지식: Evolution of Reading in the Age of Digitisation(E− READ), 『*Stavanger Declaration Concerning the Future of Reading*』, Stavanger 2019.
• 집중과 통증의 연관성: Fadel Zeidan, Katherine T. Martucci, Robert A. Kraft, Nakia S. Gordon, John G. McHaffie, Robert C. Coghill, 〈Brain Mechanisms Supporting the Modulation of Pain by Mindfulness Meditation〉, *The Journal of Neuroscience*, 2011, 5540 - 5548.

12. 손

• d2 테스트 개정판이 나왔다. Rolf Brickenkamp, Lothar Schmidt−Atzert, Detlev Liepmann, 『*d2-R: Test d2-Revision*』, Göttingen 2010.
• 낮잠이 집중력에 미치는 환기 효과: Sara C. Mednick, Ken Nakayama, Jose L. Cantero, Mercedes Atienza, Alicia A. Levin, Neha Pathak, Robert Stickgold, 〈The Restorative Effect of Naps on Perceptual Deterioration〉, *Nature Neuroscience* 2002, 677 - 681.
• 손동작의 효용성: Susan Goldin−Meadow, Howard Nusbaum, Spencer D.

Kelly, Susan Wagner, 〈Explaining Math: Gesturing Lightens the Load〉, *Psychological Scienc*, 2001, 516 – 522.

• 에드먼드 제이콥슨의 『반드시 이완하라』는 미국에서 1934년에 출판되었고, 독일에서는 『이완 치료법. 점진적 이완의 이론과 실재*Entspannung als Therapie. Progressive Relaxation in Theorie und Praxis*』라는 제목으로 2019년에 출판되었다.

13. 배

• 학생 영양식 레시피: Heinrich Kaspar Abel, 『*Wohlerfahrner Leib-Medicus der Studenten*』, Leipzig 1699, 313.
• '학생 영양식'이라는 단어의 기원: Jacob Grimm, Wilhelm Grimm (엮음), 『*Deutsches Wörterbuch*』, 20권, Leipzig 1942.
• 브레인푸드에 관한 현대 연구: Fernando Gómez–Pinilla, 〈Brain Foods: The Effects of Nutrients on Brain Function〉, *Nature Reviews Neuroscienc*e, 2008, 568 – 578; Fernando Gomez–Pinilla, Ethika Tyagi, 〈Diet and Cognition: Interplay Between Cell Metabolism and Neuronal Plasticity〉, *Current Opinion in Clinical Nutrition and Metabolic Car*e, 2013, 726 – 733.
• 미국 농수산부가 fdc.nal.usda.gov에서 영양소 데이터뱅크를 제공한다.
• 다양한 단어 인식 방법: Arthur G. Samuel, 〈Lexical Activation Produces Potent Phonemic Percepts〉, *Cognitive Psycholog*y, 1997, 97 – 128.
• 양초 문제: Karl Duncker, 〈On Problem Solving〉, *Psychological Monograph*s, 1945, 1 – 11.

내가 '나'라는 사실을 어떻게 확신하죠?

• 에른스트 마흐가 자신의 의심을 『*Die Analyse der Empfindungen und das Verhältnis des Physischen zum Psychischen*』, Jena 1886, 17에서 기술했다.
• 불교의 가르침이 현대 연구와 맞는지를, 크리스 니바우어Chris Niebauer가 『*Kein Ich, kein Problem: Was Buddha schon wusste und die Neuropsychologie heute bestätig*t』, Kirchzarten 2020에서 탐구한다.

14. 배꼽

- 에픽테토스가 아그리피누스의 금욕적 태도를 제자들에게 가르친다. Rainer Nickel (엮음), 『Ausgewählte Schriften Griechisch–Deutsch』, Zürich 1994, 95.
- 월터 미셸의 유명한 업적은 2015년에 독일어로 번역되어 『마시멜로효과: 의지력은 어떻게 우리의 성격을 형성하는 『Der Marshmallow-Effekt: Wie Willensstärke unsere Persönlichkeit prägt』라는 제목으로 출판되었다.
- 마시멜로 실험에 관한 최신 반박: Tyler W. Watts, Greg J. Duncan, Haonan Quan, 〈Revisiting the Marshmallow Test: A Conceptual Replication Investigating Links Between Early Delay of Gratification and Later Outcomes〉, Psychological Science, 2018, 1159 – 1177.
- 청년들의 라이프스타일: Lönneker & Imdahl rheingold salon, 『Selfies ungeschminkt, Jugendstudie im Auftrag des Industrieverbands Körperpflege- und Waschmittel e.V.』, Frankfurt am Main 2019.
- 〈직업 소망: 유명해지기〉 관련 글은 다음에서 읽을 수 있다. abi.de/orientieren/berufsarbeitsfelder/qualifikationen/ich-will-beruehmt-werden-wunsc 016732.htm, 2019년 8월 26일. Georg Franck, 『Ökonomie der Aufmerksamkeit』, München 1998.
- 우리 자신에게 집중하는 방법: Thomas Gilovich, Victoria H. Medvec, Kenneth Savitsky, 〈The Spotlight Effect in Social Judgement: An Egocentric Bias in Estimates of the Salience of One's Own Actions and Appearance〉, Journal of Personality and Social Psychology, 2000, 211 – 222.
- 노래 인용: Scott English, Richard Kerr, 〈Mandy〉, 1974.

15. 피부

- 니체 인용구: Friedrich Nietzsche, 『Also sprach Zarathustra』, 4권, Leipzig 1891, 82.
- 막시와 초콜릿 과제: Heinz Wimmer, Josef Perner, 〈Beliefs About Beliefs: Representation and Constraining Function of Wrong Beliefs in Young Children's Understanding of Deception〉, Cognition, 1983, 103 – 128.

- 에펠탑 사건: James Francis Johnson, Floyd Miller, 『*Der Mann, der den Eiffelturm verkaufte*』, München 1964. Jurek Becker, 『*Jakob der Lügner*』, Frankfurt am Main 1969.
- 현대의 거짓말 탐지기: Daniel D. Langleben, Jonathan G. Hakun, David Seelig, AnLi Wang, Kosha Ruparel, Warren B. Bilker, Ruben C. Gur, 〈Polygraphy and Functional Magnetic Resonance Imaging in Lie Detection: A Controlled Blind Comparison Using the Concealed Information Test〉, *Journal of Clinical Psychiatry*, 2016, 1372 - 1380.
- 해부학 교수 에른스트 하인리히 베버Ernst Heinrich Weber가 다양한 신체 부위의 '자극 공간 임계값'을 처음 측정하여 발표했다. Ernst Heinrich Weber, 〈Über den Tastsinn〉, *Archiv für Anatomie, Physiologie und wissenschaftliche Medicin*, 1835, 152 - 159. 베버의 논문을 기초로 하면(주의: 베버는 당시 일 반적인 길이 측정법인 '파리 측정자'를 사용했다), 정답은 다음과 같다. 1. - h) = 67.7mm, 2. - f) = 31.6mm, 3. - a) = 1.1mm, 4. - c) = 4.5mm, 5. - i) = 67.7mm, 6. - d) = 11.3mm, 7. - b) = 2.3mm, 8. - g) = 44mm, 9. - e) = 22.6mm.
- 팬텀 진동: Larry D. Rosen, 『*iDisorder. Understanding Our Obsession with Technology and Overcoming Its Hold on Us*』, New York 2012, 54; Amrita Deb, 〈Phantom Vibration and Phantom Ringing Among Mobile Phone Users: A Systematic Review of Literature〉, *Asia-Pacific Psychiatry*, 2014, 231 - 239.

관점이 바뀌면 자비가 가능해진다

- 자비 명상의 신체적 효과: Johannes Graser, Ulrich Stangier, 〈Compassion and Loving-Kindness Meditation: An Overview and Prospects for the Application in Clinical Samples〉, *Harvard Review of Psychiatry*, 2018, 201 - 215; Barbara L. Fredrickson, Michael A. Cohn, Kimberly A. Coffey, Jolynn Pek, Sandra M. Finkel, 〈Open Hearts Build Lives: Positive Emotions, Induced Through Loving-Kindness Meditation, Build Consequential Personal Resources〉, *Journal of Personality and Social Psychology*, 2008, 1045 - 1062.

- 서양 및 극동지방의 정신 훈련 방법: Fynn-Mathis Trautwein, Philipp Kanske, Anne Böckler, Tania Singer, 〈Differential Benefits of Mental Training Types for Attention, Compassion, and Theory of Mind〉, *Cognition*, 2020, 104039.

16. 엉덩이

- 독일보험협회의 손해보험 통계: www.gdv.de/de/zahlen-und-fakten/versicherungsbereiche/ueberblick-24074,
- 독일 법정재해보험기구의 손해보험 통계: www.dguv.de/de/zahlen-fakten/entschaedigung/index.jsp
- 보험의 효과: Justin Kruger, David Dunning, 〈Unskilled and Unaware of It: How Difficulties in Recognizing One's Own Incompetence Lead to Inflated Self-Assessments〉, *Journal of Personality and Social Psychology*, 1999, 1121 – 1134.
- 도로교통에서 위험보상: Michael Aschenbrenner, Bernhard Biehl, 〈Improved Safety Through Improved Technical Measures? Empirical Studies Regarding Risk Compensation Processes in Relation to Anti-Lock Braking Systems〉, in: Rüdiger Trimpop, Gerald J. S. Wilde (엮음), 『Challenges to Accident Prevention: The Issue of Risk Compensation Behaviour』, Groningen 1994; Ian Walker, 〈Drivers Overtaking Bicyclists: Objective Data on the Effects of Riding Position, Helmet Use, Vehicle Type and Apparent Gender〉, Accident Analysis & Prevention, 2007, 417 – 425; John Adams, 『Risk and Freedom: Record of Road Safety Regulation』, Cardiff 1985.
- 레오 그라이너의 시: 『Das Tagebuch. Gedichte』, München/Leipzig 1906, 59.
- 삼림욕: Margaret M. Hansen, Reo Jones, Kirsten Tocchini, 〈Shinrin-Yoku(Forest Bathing) and Nature Therapy: A State-of-the-Art Review〉, *International Journal of Environmental Research and Public Health*, 2017, 850 – 899.
- 바이오필리아 논제: Edward O. Wilson, 『Biophilia. The Human Bond With Other Species』, Cambridge/London 1984.

- 주의회복이론: Rachel Kaplan, Stephen Kaplan, 『*The Experience of Nature: A Psychological Perspective*』, Cambridge 1989.
- 독성 폐기물 실험: Jonathan Baron, Rajeev Gowda, Howard Kunreuther, ⟨Attitudes Towards Managing Hazardous Waste: What Should be Cleaned Up and Who Should Pay For It?⟩, *Risk Analysis*, 1993, 183 - 192.
- 가정용 청소기 실험: W. Kip Viscusi, Wesley A. Magat, Joel Huber, ⟨An Investigation of the Rationality of Consumer Valuation of Multiple Health Risks⟩, *Rand Journal of Economics*, 1987, 465 - 479.
- 앉아있기와 서 있기의 차이: David Rosenbaum, Yaniv Mama, Daniel Algom, ⟨Stand by Your Stroop: Standing Up Enhances Selective Attention and Cognitive Control⟩, *Psychological Science*, 2017, 1864 - 1867(*Psychological Science*, 2018, 1-2에서 수정됨.)

17. 비뇨기

- 렘지예 쿠넬라키의 성 심리치료법: Remziye Kunelaki, ⟨What is Sober Sex and How to Achieve It?⟩, *Drugs and Alcohol Today*, 2019, 29 - 35; ⟨P-03-009 Recommendation of Healthy Masturbation Exercise Based on Clinical Experience⟩, *The Journal of Sexual Medicine*, 2017, Heft 4, Supplement, E188.
- 허버트 사이먼의 유명한 강연: Herbert Simons, ⟨Designing Organizations For An Information-Rich World⟩, in Martin Greenberger (엮음), 『*Computers, Communications, and the Public Interest*』, Baltimore 1971.
- 니클라스 루만의 의구심: Niklas Luhmann, 『*Die Realität der Massenmedien*』, Wiesbaden 1995, 53.
- 율리안 로제펠트의 뉴스분석: Julian Rosefeldt, Piero Steinle, 『*News*』, 1998.
- 인간의 집중 시간: Philipp Lorenz-Spreen, Bjarke M. Mønsted, Philipp Hövel, Sune Lehmann, ⟨Accelerating Dynamics of Collective Attention⟩, *Nature Communications*, 2019, Artikel Nr. 1759.
- 가벼운 탈수 실험: Matthew S. Ganio, Lawrence E. Armstrong, Douglas J. Casa, Brendon P. McDermott, Elaine C. Lee, Linda M. Yamamoto, Stefania

Marzano, Rebecca M. Lopez, Liliana Jimenez, Laurent Le Bellego, Emmanuel Chevillotte, Harris R. Lieberman, 〈Mild Dehydration Impairs Cognitive Performance and Mood of Men〉, *British Journal of Nutrition*, 2011, 1535 - 1543; Lawrence E. Armstrong, Matthew S. Ganio, Douglas J. Casa, Elaine C. Lee, Brendon P. McDermott, Jennifer F. Klau, Liliana Jimenez, Laurent Le Bellego, Emmanuel Chevillotte, Harris R Lieberman, 〈Mild Dehydration Affects Mood in Healthy Young Women〉, *The Journal of Nutrition*, 2012, 382 - 388.

- 죽음으로 끝난 물 마시기 대회: Horst Müller, 〈Jennifer Strange starb für eine Spielkonsole〉, *radioszene*.de, 2007년 1월 21일.
- 독일 영양협회가 발표한 독일 성인의 수분 섭취 현황: www.dge.de/wissen schaft/referenzwerte/wasser
- 소변 색깔표: Alexander Gunawan, David Brandon, Velinda Puspa, Budi Wiweko, 〈Development of Urine Hydration System Based on Urine Color and Support Vector Machine〉, *Procedia Computer Science*, 2018, 481 - 489.
- 페티시 장애 진단 기준: 정신질환 진단 및 통계 편람, 302.81 (F65.0).

18. 다리

- 하인리히 호프만이 '라이머리히 킨더립'이라는 가명으로 출판한 책: 『*Lustige Geschichten und drollige Bilder*』, Frankfurt am Main 1844.
- 삽화는 원서의 것을 썼고, 인용구는 『*Die Gartenlaube*』 Nr. 46, 1871, 768에서 가져왔다.
- 아동의 집중력 장애 의학사: Eduard Seidler, 〈'Zappelphilipp' und ADHS: Von der Unart zur Krankheit〉, *Deutsches Ärzteblatt*, 2004, A-239 - 243.
- 아달베르트 체르니의 인용구: 『*Der Arzt als Erzieher des Kindes*』, Leipzig 1922, 107. 국제질병분류(ICD-10)는 운동항진장애(F90)라는 범주 아래에 ADHD 증상을 나열한다.
- 찰스 브래들리의 발견: Charles Bradley, 〈The Behaviour of Children Receiving Benzedrine〉, *American Journal of Psychiatry*, 1937, 577 - 585.

- 통계: Rainer Radtke, 〈Verordnungen ausgewählter Psychostimulanzien zur Behandlung von ADHS bis 2018〉, *de.statista.*com, 2019년 11월 6일.
- 연구 상태, 진단, 치료: 독일 과학 의학 전문 학회, 『*Leitlinie S3 ADHS bei Kindern, Jugendlichen und Erwachsen*en』, Berlin 2017.
- 어린이에게 미치는 악기의 효과: Leonie Kausel, Francisco Zamorano, Pablo Billeke, Mary E. Sutherland, Josefina Larrain−Valenzuela, Ximena Stecher, Gottfried Schlaug, Francisco Aboitiz, 〈Neural Dynamics of Improved Bimodl Attention and Working Memory in Musically Trained Children〉, *Frontiers in Neuroscience*, 2020, 1023 - 1037.
- 신경 강화 토론: 독일 연방의회, 『*Pharmakologische Interventionen zur Leistungssteigerung als gesellschaftliche Herausforderung, Bericht des Ausschusses für Bildung, Forschung und Technikfolgenabschätzung*』, Bundestagsdrucksache 17/7915, Berlin 2011.
- 진보적 연구방법: Henry Greely, Philip Campbell, Barbara Sahakian, John Harris, Ronald C. Kessler, 〈Towards Responsible Use of Cognitive−Enhancing Drugs by the Healthy〉, 2008, 702 - 705.
- 아칼리Akili 제약회사가 www.endeavorrx.com에서 엔데버알엑스에 대해 설명한다. 이 게임의 허가는 다음에서 확인할 수 있다. www.accessdata.fda.gov/cdrh_docs/pdf20/DEN200026.pdf.

19. 무릎

- 학교 실험: Helen Hoffmann, 〈Schwitzen und rechnen〉, *Die Welt Hamburg*, 2019년 5월 4일, 62; Stefanie Haas, Judith Väth, Susanne Bappert, Klaus Bös, 〈Auswirkungen einer täglichen Sportstunde auf kognitive Leistungen von Grundschulkindern〉, *sportunterricht*, 2009, 227 - 232; Moser, Katharina Alexandra, 『*Die Effekte des Sporttreibens auf die kognitive Leistungsfähigkeit im schulischen Kontext*』, Freiburg 2010.
- 낙서 실험: Jackie Andrade, 〈What Does Doodling do?〉, *Applied Cognitive Psychology*, 2010, 100 - 106.

20. 발

- 쿠르트 레빈의 방정식: Kurt Lewin, 『Principles of Topological Psychology』, New York/London 1936, 4 이하.

- 미국 판사들의 판결 태도: Ozkan Eren, 〈Naci Mocan, Emotional Judges and Unlucky Juveniles〉, NBER Working Paper 22611, September 2016.

- 순진한 사실주의의 효과: Les Ross, Andrew Ward, 〈Naive Realism in Everyday Life: Implications for Social Conflict and Misunderstanding〉, in Edward S. Reed, Elliot Turiel, Terrance Brown (엮음), 『Values and Knowledge』, New Jersey 1996, 103 - 135

옮긴이 **배명자**

서강대학교 영문학과를 졸업하고 출판사에서 편집자로 8년간 근무했다. 이후 대안교육에 관심을 가져 독일 뉘른베르크 발도르프 사범학교에서 유학했다. 현재 바른번역에서 번역가로 활동 중이다. 『어두울 때에야 보이는 것들이 있습니다』, 『아비투스』, 『호르몬과 건강의 비밀』, 『밤의 사색』 등 80여 권의 책을 우리말로 옮겼다.

몸으로 몰입하라

1판 1쇄 발행 2024년 11월 21일

지은이 폴커 키츠
옮긴이 배명자
발행인 박명곤 **CEO** 박지성 **CFO** 김영은
기획편집1팀 채대광, 김준원, 이승미, 김윤아, 백환희, 이상지
기획편집2팀 박일귀, 이은빈, 강민형, 이지은, 박고은
디자인팀 구경표, 유채민, 윤신혜, 임지선
마케팅팀 임우열, 김은지, 전상미, 이호, 최고은

펴낸곳 (주)현대지성
출판등록 제406-2014-000124호
전화 070-7791-2136 **팩스** 0303-3444-2136
주소 서울시 강서구 마곡중앙6로 40, 장흥빌딩 10층
홈페이지 www.hdjisung.com **이메일** support@hdjisung.com
제작처 영신사

"Curious and Creative people make Inspiring Contents"
현대지성은 여러분의 의견 하나하나를 소중히 받고 있습니다.
원고 투고, 오탈자 제보, 제휴 제안은 support@hdjisung.com으로 보내주세요.

현대지성 홈페이지

이 책을 만든 사람들
기획·편집 채대광 **디자인** 유채민